U0911853

国家出版基金项目
NATIONAL PUBLICATION FOUNDATION

十二五国家重点出版物出版规划项目

走向世界丛书

主编　钟叔河　曾德明　杨云辉

FROM EAST TO WEST

程淯丙午日本游记

张晶萍　校点

岳麓书社·长沙

作者所拍日本陈列之甲午战利品之一

作者所拍日本陈列之甲午战利品之二

作者所拍日本陈列之甲午战利品之三

作者所拍日本陈列之甲午战利品之四

作者所拍日本陈列之甲午战利品之五

作者所拍日本陈列之甲午战利品之六

作者所拍日本陈列之甲午战利品之七

作者所拍日本陈列之甲午战利品之八

作者所拍日本陈列之甲午战利品之九

作者所拍日本陈列之甲午战利品之十

作者所拍日本陈列之甲午战利品之十一

作者所拍日本陈列之甲午战利品之十二

作者所拍日本陈列之甲午战利品之十三

作者所拍日本陈列之甲午战利品之十四

作者所拍日本陈列之甲午战利品之十五

帝国博物馆之一

帝国博物馆之二

帝国博物馆之三

帝国博物馆之四

感化不良少年之家庭学校一

感化不良少年之家庭学校二

蚕业讲习所之一：机器缫丝实习室

蚕业讲习所之二：外围缫丝室（内右为机器检查室、内左为肉眼检查室）

蚕业讲习所之三：烘茧室（用铁架层叠置茧由铁轨推入熱火室烘之）

五二共进会表门

明治四十年内国劝业博览会场（在不忍池上，时正建筑中）

东明馆劝商场之一：出入口、内景

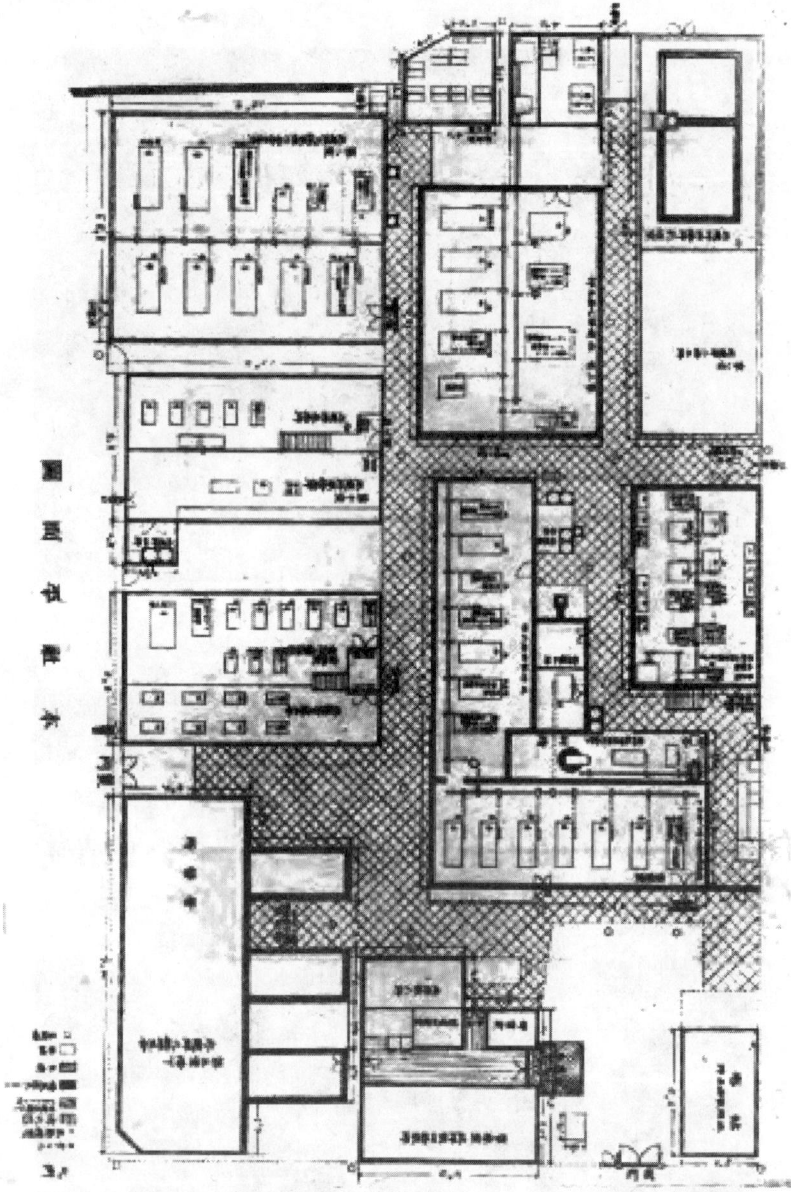

凸版印刷合资会社全社建筑之图

本册总目□

□

程淯丙午日本游记

丛书新序□

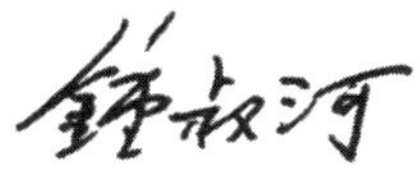

二〇一三年十月

“走向世界丛书”一百种，只收晚清时期 from east to west（从东方到西方）的记述，这并不等于说，只有十九世纪末二十世纪初的中国人，才需要面对走向世界的问题。

纵观人类历史，走向世界决不是什么地区性和阶段性的活动，而是不断出现在全人类发展进步过程中并与之同步的历史现象。一百万年前，人类开始从非洲进入亚洲和欧洲，一万年前，又从亚洲进入北美洲和大洋洲，就是在不断地走向世界。

从有史以来的文献、文物看，三千多年前的《奥德赛》和《出埃及记》，说的是古希腊人和以色列人走向世界——走向地中海和巴勒斯坦。两千多年前的《史记》和《汉书》，写了张骞和后来汉朝“益发使”走向世界——曾走到罗马在西亚的边陲。一千三百年前的《大秦景教流行中国碑》、七百年前的《马可·波罗游记》和四百年前的《利玛窦中国札记》，记下了阿罗本、马可·波罗、利玛窦的from west to east，这和from east to west一样，都是在走向世界。

人类曾因地理、种族、制度、意识形态等原因而互相分离，甚至隔绝。夜郎国的君长初见汉使时问：“汉孰与我大？”当是时，夜郎的世界僻处黔西，其“大”可知；连夜郎都未入版图，则汉之“大”亦远不如今之中国。但人为万物之灵，为了求生存谋发展，总不能老守着自己的一亩三分地，总会要想方设法走向世界——走向更广阔的外部世界。于是，汉要“通西南夷”，要前往原来“道险终不能有”的夜郎；夜郎要问“汉孰与我大”，要想改变原来“不知汉广大”的状况。由互相隔绝变而互相接近，互求了解，这就是走向世界。

走向世界，无论是自己走出去还是让别人走进来（总比让别人杀进来好），无论是主动的还是被动的，从总的历史进程看，用大的历史眼光看，都有利于发展，都是一种进步。对汉朝来说是如此，对夜郎来说亦是如此。两千年前是如此，两千年后亦是如此。上世纪七十年代末开始编辑出版“走向世界丛书”时是如此，如今来继续编辑出版这部丛书时亦是如此。

今天的中国已不再是七十年代的中国，虽然仍称发展中国家，经济总量却早已“超英”，正在“赶美”，但走向世界的路还“漫漫其修远”。时至现代，走向世界当然是要走向现代化的世界，也就是要高度现代化，全盘现代化。“四个现代化”的“四个”——工业、农业、科技和国防，已经“化”出了很大的成绩，而我们的管理现代化，我们的服务现代化，我们的制度现代化……要走的路的确还很长。

现代人走向世界，首先要使自己成为能接受全球文明，有世界知识，有世界眼光，有世界理想的人。“走向世界丛书”杰出的作者，如郭嵩焘、黄遵宪……又如邹代钧、金绍城……他们看到的新技术还是德律风（送话器和最早的手摇电话机）、火轮车（蒸汽机车）……我们如今却已经用上了智能手机、坐上了波音飞机……但在思想层面上，我（不敢称我们）反省自己的世界眼光和世界理想，甚至在世界知识的某些方面，比起一个多世纪以前的郭、黄他们来，差距实在还不小。在这方面，也就是人的现代化这方面，要走的路就更“漫漫其修远”了。

五年前北京奥运会的成功举世公认，它已经成为中国走向世界的一大标志。它的口号：

ONE WORLD，ONE DREAM

“同一个世界，同一个梦想”，这也应该是现代人走向世界的志向和目的，是我们继续编辑出版“走向世界丛书”的志向和目的。

丛书原序

钟叔河

一九八〇年七月

人们常说，今日之世界，乃是一个“迅速缩小的世界”（rapidly shrinking world）。在电视卫星、激光通信和喷气式客机的时代，地球之上各地之间的距离，确实好像越来越短，人们相互间的接触和交流，也越来越为便和密切了。

可是，仅仅在几代人以前，异国还显得那样的离奇和遥远。古代欧洲人说，中国人用小米和青芦喂一种类似蜘蛛的昆虫，喂到第五年虫肚子胀裂开，就从里面取出丝来（Pausanias《希腊纪事》）。古代中国人则曾经相信，西方有种羊羔是从泥土里生长出来的，脐带还连着大地（《旧唐书·西戎传》、《渊鉴类函·边塞部九》）。这类海外奇谈，今天听起来简直不可思议，而在过去上千年中，却一直被当作可信的资料，记载在欧洲和中国的史书上。由此可见，人类文明的发展，经历了一条何等漫长曲折的道路。

为了探索和开辟外部世界，丰富自己的物质和精神生活，各国人民都作过许多贡献。人类文明史像叙说伟大的发明家和著作家一样，将永远铭记着张骞、玄奘、马可·波罗、哥伦布等不朽的名字。我们甚至可以这样说：一个民族从中世纪到现代的历史，也就是它打开眼界和走向世界的历史。

历史的发展从来是不平衡的。当黄河、长江已经哺育出精美辉煌的古代文化时，泰晤士、莱茵和密西西比河上的居民，还在阴暗的原始森林里徘徊。而自从地理大发现和产业革命以来，中国却相对地落后了。在西方实现资本主义的现代化以后，中国还是一个基本上同外界隔绝的古老国家。是鸦片战争打开了中国的大门，也打开了中国人的眼睛。人们称林则徐和魏源为清代最早“开眼看世界”的人，因为西方的坚船利炮打到中国来时，他们首当其冲，亲身感到这个世界在缩小，距离和壁垒再也不能将异国隔离开了。

过去时代的中国读书人，在“严夷夏之大防”的社会里度过了上千年。封闭的外壳被打破后怎么办？守旧派的办法是把脑袋钻进沙子里学鸵鸟，像慈禧太后的大学士徐桐，见到洋人就以扇遮面。就是这个徐桐，在庚子年间焚香叩请骊山老母下凡来“杀尽洋人”，结果骊山老母没有下凡，他自己的老命却白白送掉了。而林则徐和魏源则不同，提出要“师夷长技以制夷”，主张学习外国的长处，以对付外国的侵略。要学习，先得了解，于是林则徐编了《四洲志》，魏源编了《海国图志》。虽然他们未能亲身出国去考察，书的材料靠间接采辑而来，难免有许多谬误，但无论如何，地里长羊羔之类的神话毕竟不得不逐步让位给常识了。

林、魏之后，中国才开始有读书人走出国门，到欧美日本去学习、访问和工作。容闳、王韬、郭嵩焘、黄遵宪和严复等人，要算是最早的。接着出国的人渐渐多了起来，尽管其中不少是奉派而去的政府官员，但既然去了，就不会不接触近代—现代的科学文化和政治思想，也就不可能不在中国发生影响。

“走向世界丛书”专收一九一一年前国人亲历

欧美和日本的记述。自从一八四〇年鸦片战争失败那时起，先进的中国人，经过千辛万苦，向西方国家寻找真理。应该说康有为和在他之前的郭嵩焘、王韬、容闳等人，的确代表了近代中国向西方寻找真理的一派人物。当然，丛书所收的，也并不全属先进的人物的作品；但总而言之这些都是中国人从东方走向西方的实录，自有其文化的意义和历史的价值。

必须指出的是：从鸦片战争到五四运动这一历史时期中，西方国家虽在许多方面比中国先进，值得中国人学习，但国家利己主义的本质，却总是要压迫剥削比他们落后的民族的。中国人走向世界、接触西方，既有一个学习外国长处的问题，又有一个抵抗外国侵略的问题，盲目排外和盲目崇外都是错误的。对于某些作品中不免流露的这类观点，我们将在为各书撰写的叙论中，适当地作些分析，供读者参考。

“洋为中用”是我们今天的主张，也是十九世纪先进的中国人的主张。“师夷长技以制夷”，不就是“洋为中用”吗？当然，随着接触和认识的逐步深入，人们慢慢地看出：仅仅学一点“长技”，搞一点坚船利炮，还是不行的；要救国，只有维新，维新行不通，就只有革命。伟大的革命先行者孙中山，用他自己的话来说，也是在一八七八年出国以后，“始见轮舟之奇、沧海之阔，自是有慕西学之心，穷天地之想”，才树立了推翻清朝建立民国的大志和信心。历史无情亦有情，后人的思想和事业肯定要超越前人，但前人的足迹总可以留作后人借鉴，先行者总是值得纪念的。

今天的世界已不是十九世纪的世界，今天的中国更不是清朝末年的中国。今日之中国，已经逐渐以现代的面貌，出现在世界的东方。但是，世界的进步越来越快，中国的经济和文化等许多方面还需要不断地发展和提高；这就必需继续打开眼界、走向世界。打开眼界以后，还要学会分析，分清好的和坏的。一切好的东西，要拿来为我所用；一切有害的东西，要实行抵制和预防。在这方面，前人的经验和教训，有一些也仍然值得我们注意。

谨将这套丛书奉献给爱好历史和文化、关心中国和世界的读者，希望它能在中国现代化的过程中，起到一点微薄的作用，是为序。

丛书凡例□

一、“走向世界丛书”一九八六年前已刊三十五种，二〇一五年起仍按原定一百种的计划继续刊行，仍然专收现代以前用文言写作的国人考察西方（含开国后的日本）的记述，仍以亲身经历、直接闻见者为限。

二、丛书按作者出国年月排列次序，尽量单行，即以一种为一册；字数过少无法单行者，才以两种或数种合订成册。合订本尽可能以类相从，按第一种出国年月排序；其各种均在封面列出书名，书脊则只列出第一种书名，并在其下注明“等几种”。

三、每种（册）书前，均由编校者撰写导言（叙论），介绍作者有关背景和书中重要内容，酌加评论分析，以供读者参考。

四、丛书均经编校者校订，标点分段，并加边批。边批的内容主要包括三个方面，兹以《随使德国记》为例，举示如下：

1. 标题、提要和说明，如“星使由苏州来”、“普鲁士分一十二省”、“演八十日环游地球的故事”、“如夫人即赛金花”、“‘人工’今皆称工人”等。

2. 书中较重要的译名（加括弧注出原文或今译），如“德璀琳（Detring）”、“毕驷马（俾斯麦）”、“布莱门（不来梅）”、“德利风（电话）”。

3. 原文的订正和存疑，如“‘公司船’原无船字”、“‘骁勇’原作‘骑勇’”、“‘薛福成’成字原作辰”、“奥京立斯本应是维也纳”。

五、每种书后，均附人名索引，人名依首字笔画和一丨丿丶乚排列，按年、月、日三节数字查检（正文单页码下均有年、月、日三节数字备查）。如德璀琳之“德”字为十五画，于索引

“十五画”内检得其名下首列“13，8，17”，查正文“13，8，17”在P.3下，即可在P.3上找到（光绪十三年八月）十七日“乘肩舆往拜税务司德璀琳”的记载。

六、每种书后，一般附有译名简释（今昔译名对照，必要时并加说明），亦依首字笔画和一丨丿丶乚排列。如“卜兰墩浦 Brandenburg，勃兰登堡”，又如“勺勾腊 chocolate，巧克力”。

七、人名索引和译名简释的条目，并不限于边批中所举者；边批中所举者，则必皆收入索引和简释。

八、人名索引按年、月、日三节数字查检，其原书不著年、月、日者，则按篇章序号或页码查检。

九、原文因排印（抄写）而出现的明显的文字错误径予改正，不在边批中注出。

十、原文中同一外国地名而作者译法多样，

如缪祐孙《俄游汇编》中“彼得堡”就有“比得堡”“彼德堡”等异文，“莫斯科”也是如此。此种情形，无碍阅读，故一仍其旧，不作统一。

十一、原文中之统计数字均一仍其旧。少量表格中之统计数字，为方便读者阅读，改为阿拉伯数字。个别已经失去时效、并无参考价值的资料，则在说明情况后予以删去。

（十二）丛书均以简体汉字印行；除总序、凡例外，编校者所作导言（叙论）、边批、索引中涉及的数字均按现行规定采用阿拉伯数字。

叙论：充满反思的一次东游考察

张晶萍

清末新政时期，我国掀起了一股东游日本取经西邻的热潮。大体上说来，这股热潮兴起于1903年，在1906—1907年发展到高峰，东游之士络绎不绝，相拥于道，恰如过江之鲫。在这些赴日东游的人中，既有官绅，亦有留学生；既有公费公派，也有自费自往。不少人逐日将东游见闻形诸笔墨，为后人留下了数量庞大的东游日记，在记载日本见闻的同时，也寓含着对中国出路的种种思考。程淯的《丙午日本游记》就是其中的一种。

程淯（约1867—1940），字白葭，号白葭居士、皎嘉，室名苍苍葭室，江苏常州人。曾任英国传教士李提摩太的中文秘书，在上海协助办理广学会。1898年夏，随李提摩太去北京，恰逢戊戌政变，曾参与李提摩太和上海英领事在吴淞口截走康有为的密谋。他与清朝官员沈仲礼有些裙带关系。1900年，沈仲礼奉命到山西主持洋务事宜，程淯随同前往，附名于洋务局。1901年，李提摩太重回山西，以地方的庚子赔款，设立山西大学堂。在李提摩太和沈仲礼的提携下，程淯创办了《晋报》，自任主笔；又投身教育事业，创办晋明小学校等，与清末山西新政关系较密。此外，程淯也以书画与诗歌闻名于世。

《丙午日本游记》是作者1906年夏天东游日本的记录。据作者《例言》，1906年夏天，他本在杭州西湖避暑，受山西巡抚恩寿之命，“赴日本考查工艺医学”。从八月十四日至上海外虹口日本三菱邮船株式会社订票、十七日启行赴日，到十月二十四日回到上海，前后六十馀日。

此次东游，本为官派。但考虑到中国游历官价值“堕落已久”，程淯在日本避用游历官之名，而是托为商人资格，利用私人朋友的关系，辗转介绍，到各学校工厂医院考察。每到一处工厂参观，作者皆注意了解其创设历史、发展经过、经费资金状况、车间设备、设备购自何处、价格多少、工人多少、工价如何，并思索若在中国开办，应具多少经费、如何举办，针对性强，“取经”的色彩很浓。又因作者认为工场医院“皆不过为办事之形式耳，究其本原，无一不出于学校”，故“参观所及，于学校特详”。举凡华族学校、寻常小学校、女子高等师范学校等情形，皆有详细记载。又，清末中国人游历日本，一些经典景点比如上野公园、浅草公园、靖国神社、帝国博物馆等，成为必去的地方；程淯也不例外。不同的是，他还利用参观之馀，拍摄了日本人陈列的甲午战争战利品照片，并于此后制铜版印入，以示不忘国耻。

由于清末游历日本的中国官绅人数众多，所参观考察的机构、地方又大都相似，故诸人日记不免给读者“似曾相识”的感觉。但各人所思所想、关注所在又有所不同。左右参证，更能见出全貌，因而史料价值较高。

程淯《丙午东游日记》的一大特点是充满了“知耻后勇”的反思精神，以日本的见闻，来反观中国新政中出现的问题，探求解决的方案，无处不包含着作者对日本如何做、中国应如何办的思考。日记中直面中国的弊端，对中国留日学生的情况时有记载与批评，主要是指责他们程度不够。以军事院校生为例，日本士官生经历几许程度始告成功，以赴战事；而中国留学生往往等不到学业完成，就被召回国。中国留日学生习军事的虽不少，日方甚至办有专门培训中国人的振武学校，学校有四百馀人，由该校毕业入户山学校者有十馀人，按照日本的教育层次，由户山学校毕业者，品学兼优者可入陆军大学校；但中国留学生从户山学校毕业者，即被招回国，从未闻有入大学者。“较以程度，终居人后，殊可惜也。”又如九月二十日，作者参观早稻田大学。该校将本国学生与中国留学生分为两部，各不相混杂。作者观察到，中国留学生教授室，人数虽多，而所授者皆浅显。当时中国留学生毕业于本科与日本学生毕业于专门部高等师范者，共同被称为

"得业生";毕业于大学部者与日本学生共称"学士"名号,如早稻田大学政学士、法学士、文学士、商学士,但在作者看来,"学科既不相同,教室又不合一,程度又判然相悬,而仅博一学士名号以为荣,日人固将鄙之"。换言之,中国留学生名实不符。又如参观东京高等工业学校时,了解到该校有我国留学生,因该校限定中国留学生名额,故在此校学习的中国留学生较他国优异,成绩亦佳,但同样存在着程度不够的问题。"惟卒业后,尚须补习以求完美。而吾国学生往往有不待学成,即匆匆返国者。"这类现象几乎存在于所考察的所有学校中。在与日本友人的讨论中,作者也提出:"贵邦以高等卒业生游学欧米,敝邦以无程度学生游学贵邦。办法不同,收效亦异。近年以来,恒有在贵邦仅得皮相之学生,回国后厚蒙大使优待,畀以重任者。是诚不足为先生笑。"这类记载比比皆是,充分体现了作者的反思与批判意识。

清末新政时期,政府一方面向日本派遣留学生学习,另一方面则聘请日本教习来华授课。程淯除批评中国留日学生程度不及、质量不高之外,对中国聘请日本教习中所出现的问题也予以提示。他说:"我国延聘日员,当调查其卒业何校、得第几级学俸、今自吾国酌加几何足矣。乃近闻有十倍、十数倍于其原俸者,并有了无实学、而至吾国滥竽者。彼等见吾国办学者,毫无规则与正当之待遇,往往颐指气使,恣其轻藐。无怪彼辈今方以就聘吾国、为奇货之可居也。"这类质疑之声音不时出现在日记中,可以说非常具有针对性，也颇能洞见新式教育所费不菲、收益不大的症结所在。

该日记也为我们了解其时日本各界对待中国的态度提供了第一手资料。清末中国人游历日本，接待方大多态度诚恳，彬彬有礼，有问必答，甚至为中国发展新兵新政积极出谋献策。作者在东京考察时，曾多次与日本官绅晤谈有关中国新政事宜。如九月十二日，作者在东京访问东京府学务课长涩谷元良。后者“浑厚和平，于学事不厌缕告，并作绍介通函，以便各校参观”，凡此种种使作者“意殊可感”。九月十八日，作者至涩谷家造访，双方就教育问题交谈良久，涩谷对中国教育之事提出了很多意见。

即便是商人，也具外交辞令。如八月二十五日，山越工作贩卖所福田清一来谈，“福田中语极佳，问其所习，则东京外国语学校卒业生也，云校生共五百人，于近年习清语者尤多，中日同种同文，深愿交通一致，冀异日两国为唇齿之协助焉”。作者因此感慨：“以一商人而具此邦交辞令，皆学校之力也。”而日本人的素质也给作者留下了深刻的印象。如九月十四日，福田清一偕代理邮船会社外航运送员山田政雄来，作者“与谈政学，均能撮要”，为“以商人而能如此”感到吃惊。又由福田清一带人来，想到“此商恒能介绍彼商，连类以及，必求一当而后已。商界之团结力，又坚确如此”。

又如，九月二十四日，作者参观大日本麦酒株式会社，社中之司机长木户龟八介绍日本麦酒业的情况，“因劝余回国后，速为发起人，创办是业，资本有一百万已足，利益殊大也。至制酒之机，及造酒工师，日本皆足应用云”。参观完毕后，“木户君复邀入他室，出酒饮之，佐以洋食，意殷殷也。相与畅谈良久，作别归寓”。

当然，日本工商界热情接待中国游历官绅，不仅仅是基于中日友好关系，实际上还有一层原因，就是视中国游历官绅为顾客。该日记中也有不少日本工商企业主向作者推销产品的记载，其原因是清末新政兴新学堂，所需教育制品极多，中国实际上成为日本商品的一个巨大市场。东京三越工作室就是制造各种模型、用品的机构，其工作人员先是邀请作者参观，而后登门拜访，极言其产品之热销中国。八月二十七日，工场顾问寺尾舍次郎来晤，“坐次言吾国学堂用具，大半皆购自三越工场。今则浙江高等学堂共购五千元，又云南提学使定购五百元。各提学使抵任后，亦必陆续购办。而湖北黄提学之公子某，每星期必至该所学习二回云”。又如九月二十六日，作者参观江川筑地二活版所。该所不仅能制作各种活字样本，而且自制各种印刷机出售。所主向作者“赠样本甚多”，“嘱回国后代为延揽。意殷殷也”。

又如，十月一日，作者参观递信省，接待者为参事官兼书记官二上兵治。“二上君意殊诚恳，谈次及吾国电报事，深为感叹。”二上表示：当年日本初兴电报电话时，曾用美国人；如果中国如今办电报电话，“倘借材于异地，东与西一也。然西人价昂，东人价廉，经济既便，兼系邻国。倘有所需，当为荐举也”。热心之中，也不无推广本国人物、本国商品的用意。而且有时，商人趋利的本性使他们在向中国顾主报价时虚高。这也为作者所觉察到。如作者到中野商店，就发现：“日商近以教育用品为吾国要需，信口昂值，如五百元之货，竟减至百八十元，亦可见其虚浮矣。”

另外，日记中也如实地记载了日本对中国的批评甚至讥笑。如八月二十三日，作者由神户乘车往新桥，车上并坐着一日人，手里拿着画报一册。作者借阅，发现画报上“绘有吾国人因立宪改革、由日人代剪发辫者”；又有一图，“绘两海岸之间，高悬巨绠，中系电车，下缀日文，云以二万万人之发辫，编成巨绠，系神户上海之两岸以通悬渡电车，固一创举也云云”。又绘有各国人代表图，“日人持剑居首，吾国之辫发者，拖指挥刀随行回顾，状殊怯懦。后则隆鼻浓髯皤腹者，或颀长而魁伟者，英人美人也”。作者认为：“噫！其轻视吾国何独在笔墨哉！而实吾国人之自取也。”对于日本人对中国陋俗的嘲弄，也在日记中如实记载。

总之，日记史料丰富，记录详实，于研究者是可贵的第一手资料，于一般读者而言也颇具可读性。至于作者见识之正确与否，自在读者鉴别之中。

作者自谦此番考察“虽经历未遍，所得无多，然亦可为山西入手办事之资矣”，归国后，又举平日所知及游历所得，拟有条陈数则，以为地方官办理新政作为参考。今同样附在书后。

本次整理以光绪三十三年（1907）铅印本为底本。

程淯丙午日本游记□

光绪三十二年（1906）八月十七日　乘船从上海出发
八月十九日　抵日本长崎
十月二十四日　返抵上海

□据上海图书馆藏光绪三十三年（1907）铅印本整理
□张晶萍校点

程淯丙午日本游记目录

例言

一　丙午盛夏，余避暑杭州之西湖，奉长白恩中丞檄，赴日本考查工艺医学。自惟不解语文，且于彼国政学，涉猎甚少。到东后，不得不借助于译人，辗转传述，谬误滋多。良深遗憾。

一　曩读日本游纪甚多。及身历其境，始知所纪有不尽然者，可见调查正确之不易。而他人之阅是编者，理或同也。

一　我国游历官之价值，堕落已久，故在东避此名称，托为商人之资格。既未一见公使，又未一接日本贵官。仅恃相识之数日友，辗转介绍，至各学校工厂医院考查。虽经历未遍，所得无多，然亦可为山西入手办事之资矣。

一　工场医院，为此行调查之目的。视察虽详，然皆不过为办事之形式耳。究其本原，无一不出于学校。故参观所及，于学校特详。

一　监狱警察银行矿山，及大阪西京各工厂繁盛处所，皆以时促费绌，未能往观。他日当赓续前游，以弥缺憾。

一　我国情事，外人调查纤细无遗。以是与日人晤谈，无所用其文饰，非欲暴露己短也。

一　此行往返六十馀日。在东时早出暮归，风雨无间，偕行者为同里王君云五。编述一切，均资臂助。未敢掠美也。

一　日本甲午战利品，例不许游人摄影。此次百计设法，照得十馀种，制铜版印入。国耻所关，用资感触云尔。

一　日本教育既已普及，工艺亦均发达。学生军人官吏，以至负贩，均结成最坚固最善良之团体。日俄战后，经济耗竭如洗，势不得不求殖民商业于外国。欧美远隔，力难与争。视线所注，遂并全力于西邻之我国。故近今渡来我国之商人，月必数百；学生之旅行于满洲者，动辄数千。彼以千锤百炼之学力，合而谋我。我以窳废应之，不亡何待？优胜劣败，天演公理。此岂能为日本咎哉！阅者得毋以斯言为梦呓乎。

一　平时每有所见，条陈于当道者甚多，均未见之施行。此次调查归国，爰举平日所知及游历所得，拟有条陈数则。又调查学务医学等所有参考各件，均附之篇末。幸而为洴澼絖，不幸而为酱瓿覆，非所敢知也。

阳湖程淯识

又记

古圣有云："耻之于人大矣。不耻不若人，何若人有?"吁！积人成家，积家成国。泱泱二千万馀方里之地，芸芸四万万馀人口之民，顾澳涊蒙辱长此以终乎？自甲午战后，日人以得自我国之各战利品，遍国中凡喧阒之市集、岑寂之山巅水涯，必分庋数种于其间。一以恢张武功，一以激劝后起，先事后事，甚矣用心之致密至此。今我国来游于是邦者，自官吏以至绅商学界，大都因有关于国耻之物，往往避道引去，或见而疾走，惧相对之无以自堪也。然耻其小者，不耻其大者；耻于个人，不耻于人人，此不佞之所大惑也！惟自去秋抵东后，以最短之月日，不能遍及，故足迹所留，以东京一处为多。而上野公园及帝国博物馆内，则尤为我国物品荟萃之地。自战利品外，凡关于我国风俗器具之劣点，靡不尽态极嬿，宏纤备列。此不独见耻于日人已也。各国之游览者，日必数十百人，来相指诮。呜呼！耻乎至此，犹可以不睹不闻聊相慰藉乎？不佞以此不敢更惜小耻，致忘大耻；又不敢更惜个人之耻，而必欲公此耻于人人也。然此等陈列之地，胥隶属于彼国陆海军各省，例不许外人摄影。不佞百计求之，始得十馀种，都为铜版。适日记刷印毕事，合其他插图数种，悉列卷眉。嗟乎！战败之损失几何，赔款割地之削弱几何，亦既购得此种种帝国光荣之变相矣。则人顾可以无耻乎？语曰："生于忧患，死于安乐。"又曰："无敌国外患者，国恒亡。"然则增益其所不能，惟知耻乃能洗耻也。昔普法战后，法以国耻作歌谣，绘败军各图以耻国人。中日战后，日本以东三省事为俄法德所把持，不获逞志，特开纪念会以耻国人。夫败固当耻，如日之胜我，而犹以受人干涉为耻者。窃愿吾国人人，于此更进一解也。丁未七月又记。

32,8,14

丙午日本游记

八月

十四日　至外虹口日本三菱邮船会社，定购山口丸二等舱位票。由上海至长崎，每客价十五元。定期十六日出口。 光绪三十二年

十六日　早，送行李登舟。是日因外海有风，易期十七日十一时启碇。船中未届开行之前一时，循例不能纳客。惟一二等舱客可预寄行李耳。即点交茶房毕，复登岸。 因风易期

十七日　早九时至埠，船已移泊江心，将候潮出口矣。乘公司中渡轮登舟，不给分文，盖备乘客之续至者。二等舱分四室，共容十六人。每室中为上下四卧榻，枕褥咸备，旁置坐榻一、水盆一、灯一、玻杯水瓶各二。同室

一宁波人，姓王名维周，系久商于大坂者，能日语。舟中或有所需，赖为舌人焉。

山口丸　山口丸船身长百四十馀步，分三层。下层之前为三等舱，亦宽适；中为机轮，前后皆储货。中层之前为办事室，中为机轮，两旁夹道为头等舱。有进士馆赴东游学者十馀人，均易装。船尾即二等舱之四室，毗连于前者为餐室，后为浴室、厕室。一等舱之上层为游憩所，二等舱之上亦然。藤制椅榻皆备，上覆布篷。凭栏眺海，殊爽人意。

十二时乘潮出口。少时至餐室膳。列坐共十二人，内有西人男妇四、日人四，餐皆西式。食毕，登舱面散步。船右见崇明，一线青痕，界隔天海。帆樯点点，出没波间，如鹭如鸥。四时，见茶山，船身渐觉簸荡。八时晚餐。船簸甚，即就卧。

茶房之善　日语呼茶房为"薄埃"①，作事缜密，词气和顺，行李均安置妥贴，无待详嘱。今日登舟时，远于隔舟为礼，若素识。能笔谈。询以就学与否，则云曾入寻常、高等小学共四年。屡召屡至，无忤容。视内地船车中值事、遇搭客若赘疣，惟知需索者，程度品格，相去悬绝。固教育之效，亦管理之善也。

十八日　漱洗、茶点毕，襆被登舱面就藤椅卧。日光耀波，海风掀襟，四望无垠，遥见一鱼喷水甚高。西人夫

①即"bog"之音译。

32,8,18

妇亦相将就榻卧。十时，见四日人，一戴白帽，袖有金章四道，一亦白帽，袖章三道，绕船巡视，旋即去。午后六时，舟人群击球为戏。十时，见舟左一岛，绵亘甚长，灯台光焰闪闪，披图知即五岛。盖离长崎不远矣。

抵长崎

验疫医生

十九日　早三时三十分，抵长崎口。夜色苍茫不可辨。六时起视，则四围山峦环绕，松荫青葱，船已碇泊港内矣。此间扼塞要口，例不准外人摄影。盖岭树高下之中，皆有暗炮台密藏也。七时，验疫医生来。先验三等。舱客群立舱面，候久乃至。验毕，过一二等室前，略审视，脱帽为礼去矣。遂携行李登小艇，至税关。倾筐倒箧，不遗纤细。验毕，呼人力车运至梅香畸町五番地裕升昌号，共给船车价洋一元馀。昔闻日人船车皆有定价，绝无欺伪，今亦不尽然也。晤周墨夫、钱鸿翔二君。周、钱皆锡人，周极开通，盖居留于此者已久，历受外界之激刺，得于观感者深矣。

长崎于日本元龟朝，始与葡人交通，开为外国贸易市场。闻昔年犹较繁盛，今亦略亚于神户耳。大工厂有三菱商船会社。遂偕钱君于十时往。乘艇渡登对岸。入接待室，由钱君介绍一日人导观。

长崎三菱商船会社

厂地计十万坪，每坪方六尺。附属之船坞共五所，其一最大，二尚未成。全厂容工匠共五六千人，每人每日所得工价，自三元五十钱至五十钱不等。船中之引擎、锅炉、木胎、熔铁、炼钢等，皆分厂工作。每厂监工十五人，每监工辖百人或六七十人。厂系株式会社。明治十八年前，尚经政府拨款补助，政府犹干涉之。十八年以后，溢利甚丰，无藉资助，遂纯归商办。

先观引擎厂。群轮旋转，皮带回环，连缀之钢制巨梁，往复移动，声如殷雷。次观木工厂。斧凿喧豗，脑为之眩。又观熔铁、炼钢、翻沙等厂。火光融融，大声震地。各厂之中，铁道贯穿，密若网罫。适工人送膳者至，人一高七寸方四寸之木匣，以贮饭蔬，皆一律。至小船坞，则深广类沪上船厂之坞。复穿山隧行，隧长二百三十馀步，悬电灯十。出隧则大船坞在焉。据云，此坞始建于明治三十七年，可造容积三万吨之船，已造过二万吨船一艘矣。复循旧道行。左侧尚鸠工筑厂屋未毕。盖昔时木质之屋，今已遍易为石矣。右侧岸傍，则重造之兵舰常陆丸已将竣工。常陆丸者，日俄战役时，运兵而被毁于俄，今则依式重造也。作别，归舟登崖，经出师桥。盖战俄之役，陆军胥由此渡海而西。桥旁旷地，为往年营垒之驻屯所也。

饭蔬一律

午后，复偕钱君往游諏访神社。乘车过中国居留界，视所业，类皆缝工果品食物诸小贸易，间有商号，寥寥数家耳。渡溪上石桥，潺湲流水，俯映拳曲之古松，胥入画境。有日人高冠木屐、持鱼竿提筐而过者。须臾至社前下车，迎面一极大鸟居，浑系铜铸，视镌文知系三菱船厂所造，高约十馀丈。后又有石鸟居一，巍然并立。拾级登山，约百馀步，至社门。两旁皆编木为平台。盖明日社中赛会，此为观者设也。门内两廊之楣间，遍悬古名将留遗

諏访神社

32,8,19

之戈矛刀剑及肖像等。又有甲午战利品、及征露战利品，参差胪列。过其下者，感情当如何！中央神殿，置神舆二，弩箭弓刀，遍植两列。虽有迷信之风，而观其事事经营，无一不寓精神于尚武。循右侧登山，辟为一园。园中樱花虽落，樱树殊多。矮屋短篱，平列几椅。群日女见客至，皆争迎入座。盖鬻茶点于来游者。山石之隙，小池在焉。池中有喷水机，池右则丰碑峨峨，上镌南亩大田覃所题之七言一绝云："天门山断海门开，岸上人烟拥镇台。处处白云飞不止，秋风一片布帆来。"碑之右侧，则甲午战役，我镇远兵轮之探海灯一、炮一、炮弹二，皆骈立其间，而上泐以铜铸铭文。略一审视，则群日人亦聚观而指画之。废然返。过三江会馆，入视之，室殊精雅。馆为居留诸华商之会所，惟近为日僧所居耳。又经一神社，中列石刻菩提，累累盈百。盖日人尚火葬，藏烬骨于瓮中，各就近居之神社瘗焉，而上植小佛像之石碣以志之也。遂归。 社中列有甲午战利品

晚餐后，复偕钱君至华商会所。据钱君言，长崎华人共一千馀，以闽粤人居多数，他皆三江人。此千馀人中，在商界者又仅三十馀家耳。上年集资创办一商会，禀准商部立案，藉图联结居留，成一团体。本以会馆为会所，因道远，遂于每届星期之六，就某茶室作聚谈焉。至则到者不过五六人，副董苏道生在座。因详询长崎商况。则中国来货，仅豆饼黄豆花衣为大宗耳，年虽有五十万元出入，然日人于输入货，屡屡加税。今年阳历十月一号，海关复 华商会所 长崎商况

行加税令。昔抽十成之一者，今则渐加至三成矣。商人因利薄，成本逐渐扩张，而所得微利，仅敷支销而已。盖日人战后经营，悉取移民与保商政策。其移民政策，则全国人口统计约五千五百万，而岁出之米谷，仅敷五千馀万人之食，势不得不为壑于邻国。自满洲经营后，而反哺于本国者，可年得三十馀万人之养。而国内盗贼亦少。是以政府命之，各新闻纸复鼓吹而劝导之，全国人民，遂皆有跃跃于移植之趋势。其保商政策，则输出无税而输入税重也。日本于战役，共费一千九百兆元，外债与内债，负荷累累。内债为臣民所担荷，犹可强为弥缝。如银行纸币流行，以八千万元之现货，能为二亿万元之周转。而市面镇静，不起恐慌者，则银行为半官半商之权力，而公民信任政府之效也。外债之在英美者，年有所出，势必难继。于是奖劝工商，不遗馀力，轻其输出之税，使畅于外销。是以近年制造之进步，更非昔比。然又恐外来货物，朘削利权，则海关税乃重议加征，令外商裹足也。华商实业之衰落，实由于此。而吾国海关，其旨趣又适与彼相反，至吾国豆饼花衣之销售于日本者，豆饼为肥田之料。然亦年视本国鱼肥料之多寡以为盈。花衣则制造后运销于韩，岁获巨利也。少时，领事卞徽阁绰昌、商董沈鸿九来。因询及华商教育事，知此间有华商所办之时中学校一。略谈即散。

战后日人取移民与保商政策

二十日　午前，偕钱君至源昌镇记访苏道生君，不遇。盖今日会期，往观剧矣。是日街衢铺户前，皆遍植青

32,8,20

竹长竿，檐出日徽之国旗，门悬各灯，大书“献灯”及“御神灯”等字。履声橐橐，往来杂沓。午后，至町田劝商场，由一道曲折以入。夹道陈列，各物咸备。大如箱笼几案，小如纸笔花粉，而尤以漆器雕刻织物手工为最。类皆光陆怪离，奇巧炫目。然无一非出于内国自制，无一不足与欧美争胜，而价复低廉。今日会期，场中售品，且有特别折扣。遍览以出，所经均非故道，而陈列所有，无不寓目矣。盖场中房屋，均由官款建筑，诸商纳税，而为市于中也。归途复至各铺户浏览。室皆低矮，然精洁朴素。室中列货，百美俱臻。仅据其外观，初不料蕴蓄之富至于如此。

町田商场各物咸备

晚七时，苏君偕时中学校教员、浙人陈君鹏飞来，因与论此间华商学校事。言次，苏君似甚愤慨。盖长崎华人，合共千馀，除正当商人三十馀家外，馀皆下流社会，绝无感觉者。如日本禁烟最严，而是辈在国无瘾，有至日本后转私吸成瘾者。然皆闽粤籍最多，名为三江会馆，实则三江人寥寥无几。时中学校，名为华商公立小学，实则全校学生不过四十八名，三江又仅数名耳。居留中闽粤人既居优势，教员之高等者，遂均延聘粤人。言语不同，情趣隔阂。如第一年生由某教员教授毕业者，至粤人教之，则须重习粤音。前此课程，遂同虚掷。以至高等生徒均系粤籍，而按年摊费于三江，未尝或减。余劝以移此学费，提倡讲报演说诸事。盖与其年费巨资，仅造就三五儿童，犹未可恃，不如普及知识于下流社会，收效为大。团体既

论此间华商事

坚，事半功倍矣。苏君深然予言，期以异日之相与参商焉。

由长崎乘车至神户

二十一日　晨七时五十分，别周君，由钱君相送于九州铁道车站，购长崎至神户二等票，每人计十元十五钱。整件行李，交运货处附车运至神户，分执铜牌以为符号。随身零件，则令红帽薄埃携送入车。一二等客均有待合所，坐候登车。所中亦有黑帽薄埃随时洒扫，洁无纤尘。每一车发，即朗呼以告座客。案上复满贮报章，丛报新闻，无一不备，以供搭客候车久坐之消遣。站中各处，分布警察，以防匪类。将届开车，停车场前有仅容一人行过之木栅小门，分入口出口。一警兵候而验票，且防拥挤。各客鱼贯继进，不紊秩序。登车后，已由红帽薄埃铺垫所携坐具，零星均已安置妥贴。给以五六铜元，脱帽致谢以去。八时十五分开车。

车中坐位，分两列相对，坐褥整洁。每二人间，共一铜制痰盂，烟烬等均不宜乱掷。每辆之前，右为厕室，中置磁盆，盆上有盖，悬牌以戒大小便不宜旁溢。别设洗手水盂及巾架，上通水管。左为漱涤室，瓶杯巾盂，亦均完美。有黑帽薄埃二人，默坐一隅，伺客所需。地有纤尘，立即扫除。偶入山洞，速将窗扇严闭，以避煤烟。电灯忽明。出洞后，又速开窗。如有日光，亦为闭掩。均无待乘客之自行举手也。至火车站，询客饥否，代购辨[①]当以

黑帽薄埃伺客所需

①“辨”，今作“便”。

32,8,21

来。“辨当”者，旅行轻便之和食也，以木片制成小方
盒，一满贮饭，一满贮菜，附缀木箸。饭皆纯白，菜皆可 购辨当以充饥
口，价十五钱。饭一格而菜二格者二十五钱。复有小紫泥壶贮茶，上覆小杯，沿途可购，价三钱。饮食毕，均启窗弃去。车中乘客，均不妄谈笑，虑扰他客也。

开车后，所经山洞甚多。九时，过松原海湾，小岛罗
列，风景绝佳。所经大小车站，屋皆朴素无华，悉系和 大小车站朴素无华
式。沿途田畴高下，如阶级之平敷。田间道路坦直，沟浍宽广。十二时过樱冈，岭上已见残雪。五时，过大里。车右烟突如林。造酱所、制麻所及其他工厂煤矿胥萃于此。少时至门司。

门司与下关隔海相望。由长崎赴神户，陆路至此。海面有十馀里之隔。港内山峦环抱，海水黝深，为内外航行轮帆辐辏之所。下车，由红帽薄埃代携零物，行里许，登渡轮，则车中行李亦随至。舟人索铜牌点验毕，乃就船后横列之长椅坐，一二三等均判然不混。六时启轮。暮色苍茫中，但见烟霭蔽山，夹岸灯火，如繁星历乱而已。行数十分时，抵下关。渡轮不给分文。仍由红帽送登下关神户间山阳铁道之二等列车。车中陈设，较前车益精美。坐位虽亦对列，而人踞一榻，可坐可卧。二榻连续处，隔以倚手之栏。六时三十分开车。

夜半二时，日人三户章造来，呼余醒。三户君昔在山 三户章造来
西农林学堂为林学教习，今夏合同期满归国，居广岛市。汽车赴神户必经此埠。君盖接余长崎发电，知余是晚来，

远于前站相迎。意殊殷渥，可感也。促检零物，嘱至广岛

广岛暂留

暂留。由长崎至神户车票，均可限用一星期之久，随时可下车登车，旅行殊便。少时抵广岛。三户君代雇人力车，行四五里，至沟口旅馆。馆中居室，为西式与和式，诸陈列颇华洁。入门脱履易拖鞋，登楼憩谈片时，三户归。

观幼稚园

二十二日　早八时，三户来。乘车共出，至附近一幼稚园参观。园中保姆三人，一为西女。男女幼儿共四十人，年皆四五龄，分为三列，绕平方矮案环坐。保姆旁立，举手为式语之，诸儿亦举手应。西女按风琴导之歌，诸儿亦群声和歌。两手作态，音皆一致。旋由保姆环案导之行。随歌随行，步伐齐整。盖游戏唱歌，最能鼓舞兴趣、陶冶性情；而简单之徒步体操，于童年即范以秩序，且导其合群之心，为最适当也。略观辞出。复至广岛高等师范学校。

广岛高等师范学校

校创于明治三十五年三月，直辖于文部省，依颁行师范教育令施行。盖高等师范学校者，为养成师范学校、中学校、高等女学校教员之所。校中并有附属之中学校、小学校二部，为研究普通教育之法、兼练习本校生徒实地授业之所。入门至应接室通刺，由校中职员导观。

高等师范部。生徒共五百名。学级分预科一年、本科三年、研究科一年至二年。预科生须有中学卒业之程度，年龄二十五岁以下者，由地方官荐举，由校长检查疾病，试验学品，然后收纳。预科卒业入本科，本科卒业入研究科。学费预科本科皆年缴八十五元，研究科第一年三十一

32,8,22

元，第二年十一元五十钱。预科之学科为伦理、国语、汉文、英语、数学、伦理、图画、音乐、体操。本科分为国语汉文部、英语部、地理历史部、数理化学部及博物学部。研究科则研究本科各部主要之学科，而兼修他学科数科目也。每一学年分三学期，每届学期与学年卒业，施行试验，期终之成绩，参较平素之成绩，以一百为满点。年终之成绩，以各学科六十点以上为及第。均与以卒业证书。

附属之中学校部。凡小学校卒业者，入此校内，分三部。第一部，寻常小学科，年限四年，定额一百六十名；高等小学科，年限二年，定额八十名。每四十名为一学级，编为六学级。第二部，寻常高等小学科，年限各四年，定额各百名。每五十名为一学级，编为四学级。第三部，寻常小学科，年限四年，定额百五十名，每五十名为一学级，编为三学级。一为单级编制之学级，二为二部编制之学级。学科为修身、国语、汉文、英语、历史、地理、数学、博物、物理、化学、法制、经济、图画、唱歌、体操。 附属中学

附属之小学校部。内亦分三部，第一部可联续于中学校编制多级之高等寻常小学二科，第二部亦可联续于中学校之第二部，第三部亦可联续于单级及二部编制之寻常小学科。 附属小学

全校自校长以下，教授、教谕、助教、书记、庶务等，共七十馀人。设主任教授一人，为谋统一分科教授，

所掌为教授要旨，选定图书器械标本等，及预算经费，有议决全部或一部之权。设主干一人，为补佐各课长，谋各学科之整一改良，有议决全部或一部教官讲师之权。后设评议会，分常任、临时，集校长教授事务员等，以会议校中要事。又设校友会，则由本校各卒业生联成一会，分讲谈、学艺、运动三部。讲谈者，或演说，或讨论；学艺者，刊行杂志，讲读图书；运动则练习武术也。既可以增助学识，而无论长幼，皆使知联结团体自营规则。他日临事决机，胥肇于此矣。

教员教授怡色相向

教员于教授时，或以标本，或以绘图，手指口画，怡色相向。生徒均朗对了了，无少扞格。四壁皆粘男生之图画、女生之手艺，分志学级年龄，以为奖劝。而标本仪器图书，以及寄宿医疗，皆分室整然，无不完善。盖此校已经数度之改革矣。辞归。

午后，复偕至大须贺村四番地、广岛县立职工学校。入校晤奏委本校教谕桥本达二君，导观各室。

广岛县立职工学校

校创于明治三十年八月，初分金工木工二科。木工为大工，指物、挽物、雕刻。金工为板金。翌年增设锻铸仕上三工于金工科内。三十九年大改正，分为机械、建筑、工艺三科，内分十二工。生徒分本科、别科二级。本科生年龄十三岁至十七岁，有高等小学第二年之程度者，定额二百名。别科十四岁以上，有寻常小学卒业之程度者，定额三十名。学科十二工中，为机械制图工、木型工、铸工、锻工、炉工、旋工、建筑制图工、大工、雕刻工、指

32,8,22

物工、板金工、涂物工。各科皆不收学费。学成分布各地，各就事业。有至吾国者二人。吾国学生亦可入之，并可不由官派。然三户言，东京尚有高等之职业学校。

先观涂物工，皆将已成之木质器具，涂漆而磨拭之。板金锻铸炉旋各工，皆各专一科，各持一铁。或抟沙土成模，或就炉锤熔击，或资机械磨错，群轮运转，启闭因心。大工木型或执绳墨，或施椎凿。登楼至制作品陈列室，有精巧者，有简朴者，悉志一二三年各级学生某某之所制，并标售值。内总分木工、板金二科。至标品室，则皆搜集他校他工场精美之物品，胪列其间。前有本校学生优等手制之指物雕刻木屋缩小模型等，及寄赠物等，盖皆以为观范者。至机械图画、建筑图画二教室，诸学生执尺秉笔，就纸绘图，审曲面势，刓方为圆，墨痕如丝，不爽累黍。误则以橡皮擦改之。观此知几何算术之用大矣，又以悟百工皆肇始于绘图也。四壁遍悬和洋各式家屋图范，及机械图范。至理化教室，应用之仪器药品，无一不备。登讲堂，则中设天皇御容，外掩白幂。学生于每晨到校时，必回望天皇之所在，一致礼焉。阅毕辞归，过陆军省，及第五宪兵本部，列队操演，犹未毕也。

百工肇始于绘图

讲堂中设天皇御容

晚膳时，三户呼歌舞伎来侑酒。舞者二伎，衣彩衣长裙，持扇踏舞和歌。歌者二伎，坐弹三昧线，音节古淡。唐俗流传，他国犹存而勿失，罣然久之。九时由三户相送登车，核算旅馆费，计二人居此一日耳，而价须十七元之多，亦可惊矣。

歌舞伎来侑酒

二十三日　早七时，至神户下车，购由神户至新桥急行车票，二等客每人七元二十三钱，加通行税每人二十五钱，至待合所候车。神户为中央孔道，列车最多，每一时间必有一车出发。跕车中规则，亦与长崎相等，法制详备矣。而执事人役，乃能实力励行，不稍旷废。是皆吾国普通人格所难能者。十时五分登车，即启轮。车中陈设皆不及由下关来者。想此车线联接东西二京，创造最早，是以悉系旧制也。途中过黄石山最多，时出入于山洞。十一时至大阪，乘客忽纷至，拥挤特甚。交通便利，虽千里若户庭，旅行不虞暌隔矣。并坐者一日人，手画报一册，因假观之，则绘有吾国人因立宪改革、由日人代剪发辫者；又一图绘两海岸之间，高悬巨绠，中系电车，下缀日文，云以二万万人之发辫，编成巨绠，系神户上海之两岸以通悬渡电车，固一创举也云云。复绘各国人代表图，日人持剑居首，吾国之辫发者，拖指挥刀随行回顾，状殊怯懦。后则隆鼻浓髯皤腹者，或颀长而魁伟者，英人美人也。俄人则为伏于他人胯下以窥前者之状。噫！其轻视吾国何独在笔墨哉！而实吾国人之自取也。一时至逢板山，山特雄伟。穿山而过，见有制麻株式会社之工场，规模殊宏敞。时乘客愈拥挤，余等仅容一坐地，彻宵无可假寐，坐待天明。是夜雨。

由神户搭车至新桥

日本画报轻吾国人

二十四日　早六时，抵新桥停车场，雨未止。雇人力车至京桥区西绀屋七番地，访王惕斋君。入室倾谈，即留早膳。并晤上海科学仪器馆采办员张之铭君。即呼车送至

至新桥

32,8,24

神田区今川小路二丁目、粤人所开之龙涛馆旅店。是日阴雨，车夫索价每乘至五角之多。无理需索，与吾国内地何以异。向馆主订定三十九号屋一间，每月二人洋二十七元，半月则每人每日洋八角，一日至五日每日每人洋一元，饮食电灯自来水等均在内。每膳荤素各一。余以屋内有床有橱皆华式，又系华人所开之店，是以居此。即以神户站所给行李票，付馆人往取，两时许取至。料检毕。晚膳后，至牛込区若宫町三十番地，访多田止水君。君为晋明学校延聘教员多田政固之夫人，现为番町小学校高等女子教员。晤后出见其次女光子，年十六，现方肄业于女子师范学校。其长女节子，则寄宿于高等女子师范学校，未在室。因询以女学情形，得备观东京女子教育奖励会、实践女学校、女子工艺学校、女子高等师范高等女学校诸规则，并取晋省天津等处托转交函件。即归寓。

车夫需索与中国内地同

访多田止水

二十五日　晴。上午同里谢康伯祖元来，云去秋回里，今春复来，现肄业于高等商业学校。此校吾国学生入之，本不须考验。后因来者日众，在校生已三十馀人，犹纷至不一，遂定期考试英文算学，仅取十馀人。康伯得在列。校为实施商业上高等必要之教育，分为预科、本科及专攻科。预科一年，学科为道德、经济、法律、品物及书数簿记等，科目繁多，而于外国语中独重英语。每周课业，英语占九时间。本科三年，学科加地理、历史、工学统计等，而亦以英语为重，每周占六时间。专攻部，则本科卒业后，就商业各种专门而攻究之，期限二年，学科为

谢康伯谈高等商业学校情况

课程以英语为重

经济、比较、商法、国际法、国法学、东洋经济事情、近世外交史、刑法、英文、外国语等。其专修为贸易科、银行科、取引所科、交通科、保险科、商事经理科、领事科等，要皆以立身报国、勤信谦让为根本。吾国国民有商才而无商德，所亟宜设学改良者。因问以在东学生现共几何，则云实尚不及万人，并昔日之回国者计之，有万四五千人耳。

午后金立侯应豫来，言山西同学，已组成一同乡会，并联合秦、晋、豫、陇四省同学成一协会。此会系合四省学生，谋抵制外人之攘我路矿者。即偕至东明馆劝工场入览之。大致与长崎劝商场相似，经理贸易者亦均妇女，盖皆毕业于中等女学，兼通簿记书数者也。计东京全市，是等场所，共有数十处之多。每月每场，均有福引数日。“福引”者，于场中购物至三十钱或五十钱后，即附赠福引券一纸，至入口处柜上，任抽纸阄，阄中皆有赠彩物品。有购物仅数十钱，而得彩值十数元者，最下亦得信纸、信封、牙粉、香皂等。盖制造竞争，日益充溢，不得不加彩招徕，以飨购者也。又无论向何店购物，即翻阅至数十种，无少忤容。购成之物，无论所值几何，亦必折腰称谢。余遂偕立侯至洋服店，定购西式衣裤。盖自长崎至此，途中日童之呼腔腔薄支者，随处而有，不得不暂易服装，以免歧视。复偕赴若宫町多田宅，与止水君商议参观女学校事。立侯来学甫一年，日语已堪肆应，殊可慰也。归寓已九时。山越工作贩卖所福田清一君来，言宏文校长

劝工场有“福引”

暂易服装以免歧视

32,8,25

嘉纳治五郎君，于日曜日开共进运动会，属招致游历官绅，入校观览，并约赴其工作所，一阅教育模型、标本器械等。福田中语极佳，问其所习，则东京外国语学校卒业生也，云校生共五百人，于近年习清语者尤多，中日同种同文，深愿交通一致，冀异日两国为唇齿之协助焉。以一商人而具此邦交辞令，皆学校之力也。偕来一日人，系六合商会毛笔誊写板之制造员。出手携小板，刷印数纸相示，冀有所采购焉。 日人推销产品

二十六日　午后三时，乘电车至下谷区御徒町三丁目一番地、山越工作所制造工场，践福田清一之约也。因得观教育制造之生理模型、博物标本、理化器械等部。其人体解剖制造部筋络神经，纤悉呈露，折卸合拍，不爽累黍。各工人咸据制成之模，按图测算而增损之。其动物制造部，则或据真体，或执写真，抟土仿制。其植物制造部，制成之品，枝叶婆娑，果实累累，又皆逼肖真形。旁有火炉，以求速燥。登楼至彩色部，则汇各已成制品，分拆而色染之。各据一色，不相混同。其博物标本部，鸟兽类，别由他处制成；虫鱼类，则聚装于一瓶，更注火酒，而分置于诸瓶。其理化器械部，凡声光化电应用诸仪器及药品等皆备。他若军事教育模型，如浮桥、炮台、鹿寨等，以及各矿物品质，罗列堆积，不胜枚指。时适为浙江高等学堂所购办之各种物品，分析包裹，犹未蒇也。复遍观各物之影片二巨册。询以所内工人，云共百馀名，工价最高者，每月八十元，以次至五六十元、十馀元不等。有 山越工作所制造工场

高等小学卒业者，有中学卒业者。阅毕，索价单数纸归。

晚膳后，山西留东学生郭莘耕伊来。郭来东仅旬馀，现入经纬学校。经纬校规夙称肤懈，教科仅地理、算学、日文语耳，而尤偏重于日文语，学生又可随意作辍。近闻日人因留学日增，而初至学生不娴日语者多，往往争开私立学校，以投所好。其目的盖别有在。吾国内地大可设立语学专校，以为游学之预备，免贸贸赴东，浪掷金钱也。

经纬校规夙称肤懈

二十七日　早九时，福田清一来，言其工场顾问寺尾舍次郎将来晤。坐次言吾国学堂用具，大半皆购自三越工场。今则浙江高等学堂共购五千元，又云南提学使定购五百元。各提学使抵任后，亦必陆续购办。而湖北黄提学之公子某，每星期必至该所学习二回云。留寺尾名刺去。十时寺尾来，自言多田政固君为其素识，因述来意，盖揽销该所制品而已。余婉答之。

寺尾舍次郎揽销制品

旋山西留学生田蓝斋国琛来。田在振武学校，已普通毕业，将入联队矣。即偕至神田区畯河台南甲贺町八番地、山西同乡会事务所阅报，遂晤归化龚子和秉钧、宁武李絅卿尚仁、太原张宜君维清、神池刘朴臣棫诸君。略谈山西路矿及太谷曹武二商董等集股拟办太谷至榆次铁道、而上禀于正太铁路工程师法人挨司巴尼、求为经办事。余离晋日久，晋事不能详悉，蒙惠以《山西之怪现象》数本，及借阅各日报数种。即辞出，至味莼园中国料理店。餐毕，复偕至牛込区河田町振武学校，嘱相导观览。

振武学校校规严整

校规极严整。惟礼拜日可出校数时，限以分刻。逾时

32,8,27

一分，即有惩罚。入门注姓名于簿毕，由操场经自修室至卧室略坐。操场极大，屋舍亦殊朴素。人一被褥，夏给四衣裤，冬给四衣裤，虽严寒不许增加。时出作远征军队。昨日全校四百馀人，曾出行六十馀里也。锻炼身心，劳苦筋骨，固军人之道乎。登楼偕阅讲堂，各分班数。凭窗纵览，则楼外大操场，群日生方为击球之戏，盖皆成城学校校生也。成城与振武相邻，操场乃与振武共之。是日星期，各讲堂皆罢课，遂观运动所用各器械室。室中所储铁网、面具、皮手袋及木枪竹剑等甚多。盖习战争肉搏时，用枪与佩刀击刺之技。阅毕，仍至自修室坐谈。室外场中有铁马、木架等。诸生方缘木跳沟，各为自由之练习。

振武学生均为华人

本校系政府嘱日政府参谋部代为创办，校生悉系中人。惟练兵处始能咨派，他省督抚，今亦不能专派。统计在校诸生，共四百三十四人，卒业及回国者，已二百四十八人。入校后，先习普通二年，毕业入联队一年，是为士官候补生。复入士官学校一年半，仍入联队半年，是为见习士官。品艺优者，始许入户山学校习步兵一年。此一年中，战术学半年，体操半年。或入炮工学校习炮工二年半，或入马兵实施学校习马兵一年，悉听所指。卒业后仍须在联队尽义务二三年。得联队长之保荐于陆军大学校、复经校中考取，始能入校。入陆军大学校后，程度最高矣。盖大学毕业者，出即任大佐、中佐之职。或于战事有功，则可洊升少将中将。品学优胜，则更被举为大将。若士官毕业时，可为特务曹长。见习士官毕业时，可为少

吾国学生向未有入大学者

尉。吾国学生，向未有入大学者。非不能入，盖稍有可入之资格，如毕业于户山于联队者十馀人，已均为北洋及湖北调回；毕业于士官，虽亦有二百数十人，亦俱回国，而尤以往北洋者为多。日本士官，其经历几许程度，始告成功，以赴战事。吾国今虽渐知重武，渐知练习，然费巨额之学资，所学未成，辄令回国。较以程度，终居人后，殊可惜也。闻校中近有三生，其技击且突过教员。近方在士官尽义务，教授日人，冀入大学。而今腊校中，亦可有联队百馀生入士官学校者。投艰任巨，不能不跂望全材也。现山西学生之在振武者共二十馀人，而卒业于联队者仅一人，名灵石。又校中有安南学生三人，于今夏入校，寄宿课程，皆特别优遇，不与诸生偕。蒙古亲王，亦于其时来校，年四十馀，并携仆从。日人甚逢迎之。六时作别归。

二十八日　因在寓候友未至，不果出。

上野公园

西乡隆盛铜像

二十九日　九时，雇人力车至上野公园。迎旋门巍然高出云表。拾级登山，林木葱蔚中西乡隆盛之铜像在焉，右手牵犬，左手按剑，瞋目怒视。想见主张征韩，激励死士，与王师抗敌时凌厉无前之意气。下泐碑文曰：

> 西乡隆盛君之伟功，在人耳目，不复赘述。前年敕特追赠正三位。天恩优渥，众莫不感激。故吉井友实与同志谋铸铜像，以表追慕之情。朝旨赐金倾费，捐赀赞此举者二万五千馀人。明治二十六年起工，至三十年毕。而后乃建之上野山玉台，记事由以传后。

像后石碣峨峨，旁悬绘图，前列香案，则彰义队战死

32,8,29

士之墓也。维新之初，尊王佐幕，两党轧铄。庆喜奉政归，官军收江户，残馀之幕士，拥立轮王寺宫公现法亲王，据上野，称彰义队。明治元年平之。此间即彰义队战死地也。园旁不忍池之所以名者，闻亦因彰义队战士，多死此池耳。

不忍池

不忍池在园右。沿池过石桥，桥旁碑碣参差，古致历落。至天龙山庙社。社陡出于池中，见日人一，方默祷神前，投钱铿然落于柜。迷信之态，不如我国之乡愚。池中莲叶未尽凋败。松阴之下，一日女方据石，用铅笔纸册摹写残荷。天然临本，俯拾即是，美术能无进步欤！古松数株，倒垂而下，枝皆拂水，景殊清敞也。

循旧道返，登山入林，至球戏场。场后大石佛，高约五六丈，垂眸趺坐。系群石嵌砌而成，不知建自何年也。绕佛后下山，密树参天，树阴隙地皆芟扫平洁。小憩之茶榻，罗列其间。择一榻购干点呼牛乳茶食毕，至园左新筑之巨洋房，观辽阳大激战图。

观辽阳激战图

购票入，由暗道行。少时道左豁然，见茫洋巨浸中，兵舰衔接，鼓轮驶进。随步所至，地渐高，登楼。楼中一规形之瞭台，四围皆环绕战图也。循右栏行，见炮火激射之中，人翻马仰，屋瓦碎飞。俄军败逃匆遽之状，日军疾驰猛进之状，纤悉毕现。辽阳城侧之白塔，独立图中，似作壁上之观。雉堞一痕，远在林隙。重峦叠嶂之内，一线羊肠，则日军夹攻之分队曲折蠕进，细殆如蚁。阅毕由左栏下，则别一出口之道也。

又左为望车冈，冈下即日本铁道高寄线之停车场。仍循旧道右行而北。两旁密林之外，均营筑博览会场屋，尚未毕工。盖明年阳历三月，东京将开内国博览会也。至帝国博物馆及动物园，因时促不及详览，遂出。

又新社购教育用品

乘车至京桥区访王惕斋，遂偕赴银座二丁目之又新社。盖惕斋方介绍陕西留学监督缪君石逸，往购教育用各图画标品也。据述陕西现办师范学堂，学生六百人，聘日教习六人，每月薪水各二百元。余观其所购宝石标本五十种，实价洋二百元；矿石标本二百种，价洋五百元，共磋商至三百二十元购成。日商近以教育用品为吾国要需，信口昂值，如五百元之货，竟减至百八十元，亦可见其虚浮矣。然宝石类中除钻石外，皆吾国所本有，且有吾国所有而彼反无之者。余视所购者，亦仅值数十元耳，购自日本即须重价。则合各省计之，此费殆不赀矣。缪君又言，师范学堂开办，已费至十三万元。在日本所购书籍仪器、模型标本等约万元。日人恒言中人寒俭，实则各用较日本奢侈多矣。縻耗巨资，而学生未必有完美者，固有办事者无热心，亦不学无术者多，遂至茫无额绪也。闻日本明治初年创办学堂时，亦多谬误。欲左忽右，欲右忽左，虚耗心力与时日者，殆七八年，始渐成立。中国今图改良，有日本以为车鉴，而犹有縻费无效之讥，良可愧哉。又学校贵精神不贵形式，贵教育之普及，不贵程度之过高。今当需才孔亟时，倘一不慎，既不足造就人才，而因地大势涣，其失败之财力，当更千百倍于日本。至日本学校，自小学

日商售价虚浮

32,8,29

至高等，教习支俸，皆有一定数目，不能参差。我国延聘日员，当调查其卒业何校、得第几级学俸、今自吾国酌加几何足矣。乃近闻有十倍、十数倍于其原俸者，并有了无实学、而至吾国滥竽者。彼等见吾国办学者，毫无规则与正当之待遇，往往颐指气使，恣其轻藐。无怪彼辈今方以就聘吾国、为奇货之可居也。

三十日　访浙江留学生经亨颐君于小石川林町冰川馆。馆在平丘之上，推窗恰对植物园丛林，室殊雅静。是日为大祭日，经君未到校。天忽阴雨，因略坐畅谈。经与余沪上旧知，来东已四载，曾入宏文卒业，现在高等师范也。饭后偕至植物园，购券入。园中定章，禁入采摘花草。惟在帝国大学及高等师范者，均不用入园券。大学学生，倘系来园研究，则可摘花，并可向附属之植物园研究会员考问。会中教员系植物学会中人，均为植物之专门名家。各员皆以定期值会。 游植物园

园中有高丘一。林木蓊翳，夹道成阴。松杉柏桧之类，奇品异形，名难殚记。每树皆标志产地与名。见有覆地若草之柏，长垂若萝之松等。行不数武，植物学会之建筑屋在焉。学会之右，为游人小憩地；前则町畦区分，遍植各种花卉。然间为吾国所恒有。右为盆栽，高下成行，架上覆以芦帘，藉防风日。又右有数池，池中蘋花，大如盎碗，红紫黄白皆备。园中有草亭数处，便游人之憩止。直行登丘，林益浓密。悬崖处出一小亭，略坐纵观。园地盖方广二十馀里。因思吾国都会要区，大可兴办。仅就本

国各省所产，已粲然可观。或更益以欧美非澳等物，恐断非日本所及也。由是研究，于林业既可发达，而生理制造亦皆知所取材矣。时复雨，雨略止即行，曲折下山。林木尽处，丛竹万千，绿蕉成荫，且结实垂垂矣。旋至园门，与经君分道各归寓。晚膳后冒雨访多田止水君。

九月

漆工纵览所

初一日　早，至京桥区，偕王惕斋往观漆工纵览所，晤金元真三君。君曾从事于旅顺海战，以功得赏宝星。战事平，今春三月回国，遂入漆工会社营业者。导登楼。楼虽狭小，然四围陈列，皆精品漆器也。出长八寸广四寸贮藏木匣中之各小盒，价自十馀元至三百馀元不等。其价三百八十元者，盒面螺亮制成肖生花朵，五色有光，然又决非染色。其枝叶皆以真金和漆叠成，高下不平，而仍光滑。花上飞虫之翅筋络入微，栩栩欲活。复启一木柜，柜中素绢包裹，为高三尺广三尺馀之一文具架。然问实值，则须二千五百元之多。所以昂值之由，盖皆高等细工，穷巧极艺所作。是等贵重品类，多销售于英法。若至德美他国及吾国者，均须价廉。少时主人荒木真弓来坐谈，云每年统计漆物出口之货，共约二百馀万元。应用之漆，皆本国北海道产，最佳者每斤价十六元。中国漆非不佳，以漆商恒喜搀油，遂不能制造精美物品。如雕漆一种，日本刻出之纹，皆有棱角，经久不能剥落。中国漆则否，且久而

漆器精美

32,9,1

易裂。然日本产漆无多，而制造物日益增进。有人核计七年之后，日漆可绝。于是有主张兼用中漆者。而税关则仍禁止。然税关虽严，华漆仍时至横滨、大阪，易装日本漆桶，运入东京。惟用以制下等漆物耳。遂由金元君介绍，偕至绘物町十八番地，晤莳绘师斋藤万吉君。

斋藤家皆制造高等漆器，兼为漆绘者。工作共十二人，皆斋藤教授生徒，从学七年，始起工价。工价最高 从学七年始起工价
者，每日一元五角；至最低七角止。夜工别作半日计算。登楼视之，各席地坐，手一盆一盂一盒，以纤细毛笔，就镌刻花纹处，蘸漆绘之。盖各器先以退光作底，刻绘画作阴文，复逐渐加漆于凹处，使参差凸出平面也。因索观所用器具，如毛笔鹅管，鹅管一端蔽以密纱，中实金粉，由一端吹于漆器上。或以泥金涂漆器，细加磨濯。每制一器，忽作忽辍，不厌再三，计其成皆须二阅月后。而其中尤精美者，且越年馀而始成。木质皆用桧树，须入蒸汽去其甜汁。盖凡木中皆有甜汁，去后即不易腐败，并无涨缩矣。文具柜中所制木柱实系中空，以四木片镶成，亦防其形式之走移也。悉出其高等制品示之。阅毕辞出。

至吴服町二十二番地中野商店。店系制造军装服饰各 中野商店
品，由王君介绍一日人导观各机械室。内皆制造金银各丝线，及组织金银丝线各栏杆。司机者悉系女子，因女子工 女子工价廉
价廉，每日自七十钱至三十五钱已足，男工则须加倍。其金银丝线均系银质，以铜能变色，银若镀金，不至变色。昔为法兰西所创造，今则日人皆自制矣。每年除己国自用

外，销售于吾国最多。计去年北洋来此采购金银线制之帽章肩章服章等，共三十万元。并由北洋聘去教习四人，专教学生四人，八个月毕业。闻此四生已在北京琉璃厂辗转传习矣。然但能编盘花式，其原料仍未能制造也。全厂机器，共一百五十部，役女工六十人，每机一部，价自七百元至三百元不等。

中野商店创于明治初年。盖当时外国官来，衣帽辉煌，邦人羡叹，购用于外国者渐多。旋设兵部省，改定陆海军服制，需用益广。中野主人虑利权外溢，极力讲求。至明治十二年，始见成效，物精工巧，驾于欧美。由是陆军之偕行社、海军之水交社，开协议，自二十九年始，全国陆海军专购中野制品。迭次领有内国博览会三等及一等进步赏牌。三十年后销售于吾国及美国者尤多。价每重七钱五分，售洋五元八十钱。夫以一章饰之微，经其尽力扩充，亦足网罗外利。中人但知墨守，且视此等工艺为无足重轻。不知即此戋戋，已年耗我数十万金矣。遂归寓。

海陆专购中野制品

午后赴鞠町区元园町一丁目，访大桥末彦君。君现为早稻田大学教员。略谈即别。

寻常高等小学

初二日　早十时，至鞠町区番町寻常高等小学校，及附设幼稚园，访多田止水君。君在此校授高等第四年女生也。晤后，君适须上课，校长亦有事，遂介敕使河原君导观，并晤大桥末彦之夫人及音乐教员设乐太郎作二君。

全校寻常高等二部，各分四学年。寻常一年三学级，二年三学级，三年三学级，四年二学级。高等一年三学

32,9,2

级，二年三学级，三年二学级，四年二学级。共分二十一学级，为二十一教室。别设一特别教室，以待优等生。教员男女皆备。学生每级中有男女参半者，有全系男生与女生者。每一课毕，各趋运动场游散，男女判然为二场所。游散时教习学生，沆瀣一气，或跳绳，或击球，喧嚣杂乱，全校鼎沸。钟鸣，教员则各率一队整步入教室。计校中男女生共一千有馀名。音乐教室，教习按琴导歌，生徒和之，音节雄壮。

特别教室以待优等

幼稚园中幼男五十五名，幼女四十四名，保姆三人。保育室二。室中小机倚壁平列，中设四案，旁有玩物巨柜一，戈矛刀剑泥人小船车及恩物图画等皆备。群儿方绕一保姆，索观纸剪之果实图本，即一一指语之。游戏室殊宽敞，一保姆方率群儿，以木架桥，众儿或牵或负，以过此桥。欢笑之声，彻户外。室中四壁皆悬简笔图画。旁又有保姆室。

至事务所，设乐君出示校中历年卒业纪念之影片，男女年皆在十五岁以下。复得观一览表，知每年校中各费，预计须一万一千十九元，通常入款，七千八百六十八元，馀以学资弥补。校地总坪二千二十三坪九七，操场占地一千三百七十二坪九七，校舍占地五百三十三坪五，馀皆隙地。至图画室，以木为架，密钉挂齿，遍悬天文、地理、历史、动植以及名人肖像及战事各图片。至仪器室，如算子、人体生理、动植物、理、化各标本模型及体育游戏物等。

东京市中如此学校共有一百六十三处。学生之多寡、校舍之宽广，类皆相等。盖就东京各区男女统计之，儿童已及学年就学者，平均每百人中自九十人至九十五人。而本区内就学者百人之比，男生至九十七人，女生至九十四人。盖变政之初，尚行强迫教育，今则群以不学为耻矣。余尝见人力车夫，有阅《法学通论》者。即兴辞出，见操场各高等女生，方举手齐步，由男教员教之体操。未毕也。

午后至京桥区弓町万朝报馆，访斯波贞吉君，并晤编辑员香川君。询以全社人员数及规则，云社系私办，办事人共一百四十有馀，分为内勤、外勤、主笔、编辑、事务、访事等，共七十馀人；其他置字、选字、印刷、剪纸、职工、配纸夫、杂务等，亦七十馀人。外埠如北京、柏林、伦敦、纽约、香港五埠，均有专电。每日销报计十馀万张，每日新收之告白费约三百馀元。东京如此报馆，现共有十五处。因导观机字各室。计印刷机二座，系用电力运动，恰容一屋。旁附小屋一间，则电机发动处也。机为德国制，值价一万八千元。每日午后五时起，印至来日天明止，约一时可出报万馀张。机前有钢梳二，印成之报，机中自能剪裁。每五张为叠，分两叠由钢梳掠出。每机二人值之，于初印时铺纸运机耳。纸料系整张大卷，每卷广约四尺馀，直径约三尺，中贯铁轴。盖此纸于制造时，随制随卷，故全张不断也。印字系先排铅板，印成纸模，再以熔铅浇纸模上，铸成瓦式之圆板，即以付印。每

万朝报馆

如此报馆有十五处

32,9,2

日十馀万纸须易板三次。盖以铅字为祖模，逐日熔铅铸板，以免模糊。而印刷机系用圆轴，故用瓦式之圆板也。复观排字室、铸模室，登楼遍阅编辑、事务室等，遂别。

初三日　竟日雨，未出。薄暮谢康伯来，旋法律馆特派员董绶金部郎来。董君此次来东，系刑部特派考查法律，并订聘教员、购办印机诸事。谈次论及感化院儿童保护学校事。盖二者皆系化导罪人及不良少年之所，使全国无弃人，然均非政府设立。以事经政府，即带有监狱性质，不足养罪人之廉耻。而不良少年，尤不可不施以教育也。是以均由地方自办，而政府保护之。计东京感化院有四所，一在东京，馀在神奈、川埼、玉秋田三县。保护学校各区随处皆有。近年留冈幸助君所经营之家庭学校避感化之名，行教育之实，其法意最为美备。他日当往观之。晚八时，杨米裳黻田兄弟来。盖晋省派查矿务者，昨由九州各矿所视察回京，数日即归国矣。 感化院

初四日　八时，经子渊来。盖今日宏文学校，嘉纳治五郎君为我国留学该校诸生，开秋季运动大会，遍招游历官绅赴会。余先日约经君同往也。校门交叉中日国旗，门内判分来宾出入之路。登阶投刺，由接待员给食单及运动目次单，导入场，坐地绕场并列，中为校长给赏之所，两旁为来宾席、新闻记者席、男卒业生及女客席，最右为奏乐所。皆支棚为帐。帐后为卫生部，有医员三人、看护妇三人。盖备运动受伤、即时医治者。席后各有茶点，设于长案。每席约排列五六十椅，前有小案，坐中客满，见有 宏文学校运动会

各省提学使及来东游历诸员。

场中以绳绕为二圜，中为运动旷地，左右立彩色木标二，系以各国旗章，旁积运动应用各器械。盖各物均无待校中置备，别有スチ店者，专储以为运动时所需。别一人牵气球飘扬空中，球下悬纸一幅，端书每回名目，随演随易。兹将所见运动各回分志于下：

圆形球送先至者胜

圆形球送。各生分红白二队，绕二彩标围立。队中各出一人，捧直径约三尺之红白纸球一，绕二队疾驰。有奔踣于地及力竭者，本队次第出人接续。计绕行十馀次。最后由教员视行度平均，举旗为号，先至本队者胜。队中随举青旗，由是有故扑他人而已先入队者。是役红胜，全队欢呼。胜者手持红旗，领全队至报名处，书名给券，至校长前领赏。全队人一纸封，似系书图类，脱帽对校长致礼归队。场中黑板已朱书球送第一著某某矣，以谲诈求胜，殊损公德。

二人三脚。二人并立，缚其二足，化四为三。如是者七队并立，枪鸣同奔。有因步履不齐、一人颠蹶、累及同侪者，则后者已疾驰而前，夺得红旗矣。次得绿旗，三得黑旗。领赏如前，始解足缚。

轮潜。分红白二队绕二彩标立，各以红白一轮圈，由第一人执圈跃入，出圈于首，递于第二人。以次为之。有一足入一足未入者，有跃而足踏圈上者。盖欲速而转迟也。以是知临事毋躁，乃能制胜。

戴囊竞走。约二三十人，各戴一黄布沙囊于首，以红

32,9,4

巾缚两手，禁其手按也，齐步同奔。勇哉诸生！务求达其希望，虽被压抑而不辞。

蛇行进。分两队，由一生首导，以一手挽第二人，蝉联以至于尾。约每队二三十人，各为一长蛇，闻枪共奔。前者太速，后者不能继。而蛇行之队，乃中断为二、为三，二队均不能连续毕事，然亦有赏。以是慨团体一致之难也。 蛇行进

炮垒攻击。分二队为四列，每队各二列，相对立于场中。人手三球。鸣枪一声，各执小球，群掷对垒标竿绝顶之大纸球。数十人中，仅有二三人命中。大球中纸屑纷纷四散。是役虽不求胜负，然匆遽一试之中，球多浪掷。惜哉！

母衣竞走。十数人并立场中，背负木架各一。架竖短竿，竿上系一长数尺之布囊，以篾簧张囊口，同时疾奔。初行甚速，至中途，布囊逆受风力，步遂迟。其黠者于初奔时手握囊至中途始释手，幸能先至。然教员不之许。负重疾趋，殆非魄力雄厚者不能。 母衣竞走

搬人竞走。二年长者，各搬一年幼者之左右足，是为一列。共数列。同时并发。其间步履不一、思想不一，或步急速前，或步迟稍后，则被搬者踣，搬者亦与之俱踣。周章狼狈，而志趣又不能合一，固宜多困顿乎。 搬人竞走

陆上端艇竞走。每五人鱼贯为一队，第三人戴帽，象全船之机关，帽落为负。后者各以一手执前者之腰带。前四人皆以巾蒙目，惟第五人左手牵带，右手挥旗，犹战舰 端艇竞走

之司令也。欲左欲右，前者无能见，惟听第五人之指挥。共为五列，伸足静待，咸有跃跃欲奔之态。轰然一声，同时出发。喧呼杂乱之中，往往呼左而右，呼右而左，以一明而驭四盲，匆遽之间，偶一不慎，即与之俱败。事虽游戏，其旨深哉。

俵负竞走。数人同时疾奔，至半途，负巨草俵一于肩复奔，先至者胜。观此知战争匆遽之中，运输迅疾，间不容发矣。

自行车技

馀兴。一外来日人，乘自转车入场，忽脱手行；忽以二足分踏前后轮轴；忽二足聚立于后轮之轴；忽翻转前轮，全身皆在轮前，而伸两足于后踏机；忽跃登前轮之轨，两足互踏前轮，如桔槔然；忽两足分踏一面之轮轴，车则敧侧，而以一手握枢，一手转机以行；忽两手握枢，全身轻举；或头置于骑坐之处，足则向空；忽两手握枢，全身横列车上；忽正坐，两手提车距跃；忽高举前轮，仅恃后轮为单轮之行；忽横置前轮，腾身独立于前轮之轴。身轻如叶，弄车如丸。观者拍掌之声，震动耳膜。技至此，观止矣。

鸣铃就食。交食券登楼，食皆西式，酒果之外，有面一盂。食毕复入场。鸣铃，诸生毕集。

障碍物竞争

障碍物竞争。七八人同时发。行数武，地覆绳网，群伏地穿网过。又数武，平悬中空之木桶数枚，群穿桶过。不数武，横亘一绳，群又跃过。数武之外，复有网，群穿网过。后则地置数箸与数木鱼，箸端悬线垂钓，鱼首有

32,9,4

孔。匆遽之中，使以只手持箸钓鱼，得鱼疾奔至校长前，执红旗为胜。视其臂膝，则因穿网皆污泥土，首有擦损，则穿桶时误磕于桶者；汗流气喘，则以钩钓鱼，急不能待，复疾奔争赏之所致也。以此知寓镇静于迫促。惟胸有成竹，临机徐应者，乃转能奏其速效。异哉！

兵式体操。诸生由场外整队来，与来宾回首为礼。步伐齐一，举枪拔刺，手足形式，均一律不少参差。绕场出。

来宾竞走。中途设圆球数处，竞者同时并发。至球处，能攫三球先至者为胜。间有得二球不足、复取第三球，则在其后者，已以二球得赏。然则拙速又胜于巧迟。

优胜旗竞走。数十人绕场同奔，行三匝，以首至者得优胜旗。疾奔时见一人在前，馀者与之悬绝。至第三匝，忽滑扑于地，继进二人飞逸过，同时至，各争旗，共扑于地。一人先奋起攫旗。欢声雷动。全校诸生共趋拥举之，哗骚震动全场。由校长亲授以大旗一，立于众中，奖誉而厚赏之，计赏物一巨箱也。该生致谢毕，执旗而前。诸生回绕观之，至不能行。亦荣矣哉。 优胜旗竞走

鸣铃散会，余等遂归。盖是日午后微雨，未能毕演也。

初五日　阴雨竟日。下午得田蓝斋邮片，知山西留东学生李培仁，因晋省路矿事愤激投海死，即赴山西事务所，得悉李君阳高人，因福公司索办平定州矿事，愤本省士民之无团体，并其他种种激刺而死也。先是已八九日不 李培仁投海死

得其踪迹。昨日警察报知使馆，转告学生监督及同乡会，盖得尸于近京海湾，检衣囊得听讲券二纸，一系东洋大学，一系警察学堂，如知为晋省学生也。即由同乡会全体学生同赴尸所。尸已腐败，复于衣襟检得遗书。遂棺殓运至横滨暂埋。书中大旨，谓前抚胡聘之卖国，晋人绝无团体，今日发电，明日上禀，但空言抵制而无切实办法，故拚一死以为留东学生之策励。同乡会中人，现拟为李开追悼会，及四省同乡协会，以筹对付之策云云。遂往小石川饵差町八番地访董绥金部郎，晤谈良久，承惠以《德意志刑法》、《法国印件律》、《法律馆奏稿》、《法律学堂章程》，及听讲于司法省所译述之《监狱改良议》等书。辞归。是夜雨未止。

日人赠书

初六日　竟日大雨。午前赴本乡东竹町九番地日之出馆，访谢康伯不遇。午后四时践多田止水君之约，冒雨呼车往。略坐，嘱引见其次妹井口吾缲君，遂偕诣其母家晤见之，并得见君之母与弟妹。因与井口君笔谈。

井口曾至美国游学

井口君盖昔系女子高等师范学校毕业生，曾由文部省官费派往美国游学。至美后先习英语会话一年，后习生理学、解剖学、病理学、心理学、教育学、体操、舞蹈、按摩、水泳诸学，及其他各种运动。每年官给学费一千八百元。三年毕业后，复游英国者五阅月，始返国，即在女子高等师范学校，尽义务教授事。盖由官费派学三年，即须在本校尽义务六年也。然此六年中，每年仍给俸金六百元，盖已少数矣。并兼为他校教员共三处，及私立学校与

32,9,6

贵族家庭等，皆专任体操一科。并出示其在美同学女生写真片，及本国各府县师范学校诸体操教员之写真片，历指某某为体操学大家云，又云现在官派出洋游学之男女学生均无，即有男学生亦大都私费。赴德者多习医与法律，赴美者多习工。 专任一科

其老母因迭经惨遇，时有疾病，略坐即归卧。盖井口之令弟井口正君，曾为陆军步兵中尉，日俄战役，以力攻旅顺，名誉战死。后其父亦相继殁也。其三妹现在女子职业学校学习造花，出其手制肖生花相示。四妹为现今台北总督府技师川上撞弥君之夫人，因病回京，就医痊养者。二弟直君，系从事于实业。三弟现为工科大学之学徒。即与商订参观医学、工学及女学校诸事，遂归。 井口一家

初七日　早，访王惕斋，偕诣小西石右卫门医生处治齿毕，遂至水岛三右卫门店小坐。此店系专卖绸缎顾绣各品，因出其各货陈览。其最佳之织花缎，厚及一钱，而花纹之奇丽炫目，视吾国之缎无色矣。价每匹广二尺馀、长一丈二三尺，值洋四十元至七十元。其他如织金闪色等缎，其动人处乃在肖真之花纹，而经纬极细耳。其身分之重量，不如吾国也。吾国苏、杭各产，倘能加意织花闪色，复能仿其治丝之法，则成本轻而外销广矣。

旋至正金银行取银。银行亦在京桥区，洋式巨屋，门立巡警。推户入，则柜中执事约三十馀人，各据一案，各事书算。柜外诸受取者列坐约十馀人，续去续来。柜上遍装璃窗，窗际遍悬牌号。有外国课出纳课二种。下为输入 正金银行取银所见

系、输出系、外国送金系、割引贷付系、内地为换系、抵当系、株式系、预金系、外国货币系诸目。余先向外国送金系窗下，书地址、姓名及盖印章毕，内即交与铜牌，入坐静候。良久始由外国货币系处呼名，即交牌领取，有不省者旁立一人指示之。取毕归寓。

女子高等师范学校

初八日　九时，赴井口吾缫之约，至峻河台女子高等师范学校。校有附属之高等女学校、小学校、幼稚园等。入门投刺，由导者引入接持室，旋引至体操室，盖井口君方登台教演也。下列女学生四十名，盖皆高等女生及已卒业者，年皆在二十左右。衣履一律，皆扎缚下衣于膝间，而曳皮鞋，分四行向上立。余入室，井口下座致礼毕，复登台，呼口号。诸女生忽举手忽齐步，忽整队，忽散，忽聚，忽疾趋于一隅，步伐皆整齐不少错杂。少时复悬杠杆，以手持杆，身横杆上，首足两平，而以首左右顾者三。复整为四列，手双举，身向左右侧。复以手单举，侧身伸足向左右进行者三。复以两手伏地屈足伸缩者数。复一足跪，举两手，以身左右侧。复以两木架中横一线，自远超而过之，或背跃，侧跃，误触于线者盖鲜。又梁间垂数巨绠，手援而跃过此线。复踏长丈馀阔寸馀之横木以行。复由井口君捺琴，诸女生相率踏舞。或对立挽手，侧立挽手；或两人为列，三人为列。履声沙沙然，皆合节拍。观之令人爱群之心、油然以生。后为夺球运囊之戏。划地为限，以球投至梁间之绳网中，众皆拍手。运囊则分两列，鱼贯以立，为首者各举囊递于第二人，以次至末一

女子体操完备

32,9,8

人。先至者拍手为胜。合观所演，每一段毕，必合四为二，合二为一。整队左右行各二周，复鱼贯立，分而为二，又分而为四。以女子之体操，而完备如此，体育洵必要矣。演毕，井口君更衣相见。遂先观幼稚园以至高等师范。

体育洵为必要

幼稚园中男女幼童，限三岁以上收纳，现额一百四十名。年龄分为三组，五岁以上者一组，四岁至五岁为二组，三岁至四岁为三组。第二组群儿方绕低案坐，共四案。每案一女教生伴坐，女教员剪纸折成蝶形，立而遍语之，群儿咸注目侧耳。又以三角未折之纸，分授教生。教生再分布群儿，令自行折叠。教生皆本校之本科预习生所担任者。教习月脩最高者四十元，至三十元、二十五元不等。一组、三组室诸儿，时适在户外游散。游戏室遍悬简笔图画，如富士山、海日松月等，皆彩色陆离。适第一组游散毕，整队入室，步伐画一。教习按风琴，教生杂儿中导之行。室中画地为数规，中为直线。群儿四十名，先绕成大团，至直线鱼贯立，二人为列，变为四。分两列绕行，相遇于直线之端，复合为二。参错曲折，皆能不紊。又并立同唱颜之花歌，以应琴拍。又各儿各以两手挽续，绕行成大团，忽散为五小团，忽一小团散成弧线，统他团行。他团亦散而连续之，以次复成一大团。庭中则第二组群儿，各手持木铲与耙，群聚挖土。或象河海，或象山岭。稍长者播种土间，习为树艺。室旁隙地，各判町畦。有毵毵青碧者，皆群儿手植也。每教员约束三四十儿不

幼稚园

本科预习生任教员

等。然最困难云，别一室。群女子手针黹列坐其间，盖皆儿童之家族。诸儿入学时间，每日自午前九时至午后一时半止。食物自备，学费每月一元五十钱。亦有贫寒免纳者，则设分室以教之。

保育宗旨

保育之宗旨，一为发达其健全身体，二为涵养其善良习惯，三为练习其觉官因应。实施之方法，则每日游嬉三时间，唱歌、谈话共一时间。游戏所当避者，一损身体、害品性；二过劳苦、失精神；三妨害凌驾他儿、与损污他儿物件。而要分为随意游戏、共同游戏二种，务养成其活泼自营之心。如雁行、雀行、盲行叉行进等游戏法，凡二十六种。唱歌之豁心智养德性无论已，而练习听觉及关系发声与呼吸机关，尤当注意。歌词如猿蟹合战桃太郎、师之恩、颜之花等，凡四十四种。谈话则一为寓言及童话，二为事实谈话，三为偶发事项。如关于一身之所有物身体精神等，关于一家之父母、兄弟、婢仆、家屋、器物等，关于社会如长上朋友、日用事物等，关于天然，如动植矿物及其他现象等。而最当避恐怖残酷妨害身心之事例。手技则球、积木、环钮、画方、缝纫剪纸、穿豆、粘土各细工也。

附属小学分为三部

附属小学校部。分三部：第一部寻常高等二科，分六学级，寻常百六十名，高等八十名皆女生。第二部寻常、高等二科，分八学级，共三百二十名，男女生皆有。惟寻常一、二学年生，男女合教；馀分教。第三部仅寻常科，编一学级，共六十名，男女不分。男加习手工，女加习裁

32,9,8

缝，盖为贫而无费者设。各生年龄，自七岁至十二岁，学费每月二元。导观至此，适诸生方在游散中，缘秋千、木马等以为戏，骚扰喧呼，耳为之震。井口言自由骚动，于体育殊增发达，不宜抑遏也。秋千、木马，皆于明治三十五年间，皇后陛下所赐金建造者。

附属高等女校

附属高等女学校部。女生现共六百名，五年卒业，年龄自十三岁至十八岁，每月学费二元五十钱。于各科外设专攻科，年限三年，额限百名。盖五年卒业后，有愿留校专攻者，则分为二部。第一部，学科外加随意科，如裁缝手艺、习字、图画、音乐、割烹等，任择三科。第二部亦同。遂由第一学年室，至二、三学年等室，皆为讲谈及悬腕习字等课。至四学年则方入音乐课室。五学年因人数太多，分为甲、乙二室。多田君之次女光子在焉，方构思作文也。入专攻科裁缝室，则持熨斗拈针线者，各据一案以从事。音乐室则群女生并坐，教习举一歌词指问之，一女子即起立诵歌，琴声和之毕，他女生复起诵如前。校舍系与高等师范部合，为三层洋楼，亦明治初年皇后陛下赐金建筑者。东京校舍，此为最久云。

女子高师分为三室

女子高等师范学校部。并列三室，一为文科室，二为理科室，三为技艺科室。文科学科之别异者，为国语、汉文、历史、地理。理科之别异者，为数学、物理、化学、博物。技艺科之别异者，为物理、化学、家事、裁缝、手艺。其他伦理教育、外国语、音乐、体操等，三科皆同。四年卒业。第四年于各科之第二、三学期，须从事于实地练习。现额四百名，年龄在十七岁以上、二十二岁以下之未有夫者，校外亦可募入，惟检验殊苛也。复设研究科，为专攻各科中一科目或数科目而设，分甲、乙二部。甲部定员三名，乙部无定员，盖皆本校之卒业生。复设专修科，专为充各校女教员之缺乏而特别设立，须与高等女学校卒业生，有同等学历者方可。如专修家事，则定员三十名，年限三年；专修国语、体操，则定员二十名，年限二年；专修物理、化学，则定员二十六名，年限二年。此外复有选科，盖有充各校女教员之志望，而选择学科中一科目或数科目专修之。然必兼修伦理及教育学。其自修室特宏敞，中平列几案，横约十四，纵约二十四五，犹有目力所不能见者，统计可容四百馀人。上皆遍悬电灯。各女生有据案执笔及低首凝思者。寄宿舍人一木榻、被褥而外，上覆白巾，一律莹洁。每室纵列，可容八榻。而室中光线，最为明朗。他若理化标品室、生徒监室、谈话室、餐室、医药室、沐浴室等，皆秩序整整。

设研究科与专修科

井口君勤勤导观，缕析指告，不稍厌倦，意殊可感。而时已过午，犹未饭也。因称谢归。井口君品学之优，余前已详言之，然犹有未尽者。盖君虽为女子，而棱棱豪气，时露于眉宇间。闻其将终身任教育不适人。余因思吾国历年派送学生，前后数已盈万，学生多无程度，卒业归国，亦不知所以用之。若日政府仅选派井口一人，学习体操专门，归即遍施之于各校，费既省而效亦多，殊可法也。

虽为女子棱棱豪气

32,9,9

初九日　至峻河台清国留学生会馆。馆即与女子高等师范学校隔岸相望，室虽宏敞，而阒然足音。案上书籍报纸，纷杂不理。自治能力，犹薄弱如此。可叹！

初十日　早八时，至小石川区林町高等师范学校。盖先日校长嘉纳治五郎君，约是日来观校友第六回陆上大运动会也。运动会余前日已见一班，而今复来观者，以是会纯系日生，必与弘文不同也。场中坐席饮食等，大致相似。惟各校学生、参观之席皆备，中并有盲哑学生。兹将运动所见，分别志之，凡宏文所已见者不及。

高等师范学校校友第六回陆上运动会

蛙飞竞走。一人折腰立，一人从跃过其前，亦折腰立。后者复跃过。每二人为一列，分数列，同时跃，先至限地者胜。

障碍物竞走。数人同时疾行，至网下蛇行出，以草囊从首套下，足踏出。至木架。架悬数铁圈，穿过之。至高约丈馀之木架，攀绳上过架上木跳跃下，复缘绳梯丈馀至顶，翻身下。又以布缚两足，曲踊跃数十步，由布袋此口入彼口出。复曲踊跃数十步。先至为胜。其困难如此。有第二次续行，而第一次犹有未毕事者。有已上绳梯、不能遽下者。有蹒跚强跃、乍起乍跌者。

球拾竞走。十馀人并立场中，咸以布缚两眼。执事员散小球数十干场地。枪鸣群疾行数十步，即伏地摸索。有近在咫尺而不取者，有掏索空处而不已者。得三球为胜。

跳高

高飞。植两木竿相距丈馀，高亦丈馀，中系一绳，可随意高下。一人持竿点地跃过。初犹四五尺，渐以绳高系竿顶，亦有能跃过者。以跃过最高之点、能不碍绳竿为胜。

幅飞。划地为限，疾行至限，忽腾跃及远堕地。以皮尺量其足力之所至，最远者为胜。

投锤。执巨铁锤远掷之。亦以皮尺量其腕力之所至，最远者为胜。

各种竞技

担架千鸟竞走。分红白为两队，每队两列，每列十馀人，距离五尺间分立。别有二人扛布架，中卧一人象伤者，至第一人处。卧者起立，扛者之一人跃入卧，第一人乃代扛之。以次至末一人止。能速扛速卧速至者为胜。

支度竞走。绕场每数十步立一白旗，数人同时赤足持布裹，疾奔至旗下，坐地解裹，出草履系于足。又疾奔如前，取足绊系于腿。又奔，取布裙系于腰。又奔，取半臂外套被于身。又奔，拾地下三球纳于空裹系于背。先至为胜。匆遽间有随奔随系者，有贪拾多球，包裹不及至校长前由执事员验其裹，则已零落仅馀一枚矣。

盲哑竞走。以布掩目为盲者，掩口为哑者，盲负哑于背。帽各以五色为号，凡五列，同时发。盲者负而急行，无所见；哑者见而不能告，惟以手拍盲者肩，令之左右。能不误行而先至者为胜。

骑马拟战。一人为马首，一人为马身，一人骑之。分红白为两垒，各数骑，以帽色为别。枪鸣共出，二红搏一白，二白搏一红，务强拽骑者使堕地。被搏者但坚持，不宜互搏。堕矣，堕者席地坐，搏者复搏他骑，最后白者被

32,9,10

搏尽，完整而能骑者，全队皆红。各举帽雷呼。是为红胜。

长距离竞走。数人执符同时发，向大冢御茶之水两寄宿舍往复，各易符返。计越三时间之久，第一人始至，疲乏已不能步。由执事员扶掖之，良久始平复。合场欢呼，欢声雷动。馀皆陆续至，以执符先至者为胜。

角力。敷土为圜，直径丈馀。角者咸解衣裤，仅以巾掩裈间。二人对伏圜内，狙伺久。忽跃起，手相持，足相抵，筋肉隆隆然。良久良久，其一被踣于圜外。执事举牌呼胜者名，以踣人多者胜。

地方协同徒步竞走。由全校生各举代表共七人，背负西海、中国、畿内南海、东海、中山、奥羽、北陆北海诸标志竞走。是役西海先至胜。

速画竞走。植一长方纸屏于场，上书“问题”二字，下书“竞技者之颜”五字。又植大方纸屏四前列台阶，屏后各出一小牌，分书用意、决胜、受伤、大败等字，给色笔于诸生。分为四列，同时各出一人，跃登台。每人各于屏上绘数笔即下。他生奔而代之。约易人五六度。或绘鼻或绘唇，分析而足成四大人面。枪声鸣，有匆遽未毕者，则或缺一鼻，或缺一口。视所绘，用意则有凝视沉思之态，决胜则有努目奋勇之态，受伤则有钻眉忍痛之态，大败则有垂首丧气之态。由图画教员，评其完善肖真者为胜。 速画竞走

游戏行进与徒步体操。本校本科生、体操专修生及附

属之小学高等生、女生等，分队统场整行。复由本校高等师范全体学生六百馀人，分四列并立，为徒手体操。均齐一不杂。

优胜旗竞走。先分五色小旗，任各校生徒之观者执之。即由本校师范中学生十馀人，各以帽色应旗色，绕场四周竞走。扰攘喧呼，全场鼎沸，盖各欲其代表者得占胜利也。最后青胜，场中执青旗者，呼噪大起。即由执事员拥胜者至青旗队中，全队群遥遥脱帽，以欢迎之。入队后，众擎而高举之者三，呼万岁。更衣，率青旗全队数百人，整列至校长前排立，由校长亲授优胜旗及最优赏品。胜者领受致礼毕，荷旗整列出场，全队又狂呼万岁，高举之者三。其荣异如此，观者咸为之色动气王。

曳纲即拔河比赛

曳纲。先为职员曳纲，后为全体生徒曳纲。均分文科、理科为对待，各执巨纲之一端，鸣枪后尽力拖曳之。两次皆理科胜。事虽游戏，然文科恒弱于理科，可悟优劣之故。

演说闭会。校长立高台演说，全校生徒及观客环绕静听。云此次运动已较胜往年，愿诸生益加奋勉，明年必更有进步乃可。演毕唱千代歌，乐声起和之。歌毕，校长呼“天皇万岁”，职员呼“高等师范学校万岁”，学生群呼“万岁”者三。遂将场中标回目之气球、悬高等师范学校第六回陆上大运动会字断绳放入空中，合场拍掌目送之。

细观全场运动，以文学校而具此尚武精神，较弘文我国留学生程度，高下悬殊矣。而每回赏品，亦殊菲薄。盖

32,9,11

勖诸生以竞技，意不在赏也。余等自上午八时入场，至下午五时始散。遂归寓。

十一日　九时，至常州同乡事务所，盖今日为同乡开会期也。山西追悼李生之会，亦于是日开会。皆别有会地，因不悉地址未往。 同乡开会

午后访有南宇兵卫君于外国语学校。盖来寓二次未晤，往答之。即偕赴京桥区吉町小川写真馆购图数册。主人小川一真，于日俄战役时，曾入陆军写真队。战争写真各图画，皆出其一手。回国后精制铜版，装成各帖，供内外之购求。帖有中英二国文字，盖获利已厚矣。

晚，山西学祁鲁斋继曾等三人来。谈及昔在晋明东语专修科肄业，深恨在国时未深研日本文语，以至来东听讲，种种不便，并劝晋省东语专修科，断不可停止，并将发公启至晋，告以当研究东文语为游学之预备云。

十二日　早八时，大桥末彦君来，偕至鞠町区信阳堂印刷所，访冈村竹四郎，未晤。即由所中干事导观印刷机室。石版积累，厚皆寸许，盖均印毕矣。有磨板机，以印毕之石板，纳入机中，加细沙盘旋磨去印纹，再行制版也。印刷机四架，皆旧式，为日本真岛工场所制。以裁成纸张，由机夹入圆轮，前为压轴，后为墨轴，均橡皮制。下列日板，前后推移，印成纸片，由机掠出。每印数十张，用蓝色药水揩洗之，以免模糊。所印均系商标。别有金粉机，即以印成未干之纸，入机一转，出则所印皆易金文。切纸机系德国造。询以封面用纸，乃均系英产，日本 信阳堂印刷所

犹未能自制也。朱泥原料，亦系欧产，应用时加油调和之。其调和之机，系用大小诸橡皮滚轴。以朱泥或蓝泥先涂大轴，切附于诸轴绞动之，以次至极小轴，挤出之泥，遂浓淡适中矣。其制版处，男女绘画工数人，各就底本临摹上石，丝毫不苟。并由一版逐次递加色泽，即以次套印之。所绘类多博物图籍及教科书图画，均运销于吾国者。各工薪资每日一元五十钱至八十钱不等。若博物图谱等，每日可成一版，约六种。人物细图，须七日成一版。该所创办已二十年，建屋亦已十年云。

男女画工临摹上石

遂出，与大桥君方道归。午后访东京府厅学务课长涩谷元良君。府中屋皆西式巨制，盖官厅屋悉系西式也。府知事现为一等一级正三位勋二等男爵千家尊福，所辖职官如下表：

32,9,12

- 东京府知事
  - 第一部事务官 三等一级
    - 土木课长
    - 庶务课长
    - 其他技手出纳吏各员
  - 第二部事务官 四等三级
    - 社寺兵务课长
    - 学务课长
    - 其他试验视学各委员
  - 第三部事务官 五等四级
    - 度量衡课长
    - 农工商课长
    - 其他技手各员
  - 港务长、岛司
    - 警视　警察
    - 郡长
    - 学校长
    - 港务官
    - 港务医官
    - 港务兽医官

其学务系统如下表：

- 政府—文部省
  - 府县
    - 东京府学务、其他各府县
      - 府立学校
      - 市町村郡立学校
      - 私立学校
      - 图书馆
  - 官立大学
  - 官立高等学校
  - 官立高等工商学校
  - 其他

晤涩谷君于办事室。室中数十员，各据一案，簿书堆积如山。涩谷君系小学校教员恩给审查委员、小学校教员检定常任委员、兼视学学务课长之职。时无通译，仅藉笔谈，并谢以代查感化院章程等书。涩谷君浑厚和平，于学事不厌缕告，并作绍介通函，以便各校参观。又作函于留冈君处，俾往观家庭学校，意殊可感也。

日本全国学务统计

据日本明治三十八年调查全国学务之统计，全国校数共三万一千七百五十五处，教员十二万五千九十一人，学生生徒儿童共五百五十六万五千四百九十六人，已卒业者一百十万一千九百四十一人。计男儿已及学年就学者百人中九十七人一分六厘，女儿九十一人四分六厘，平均百人中九十四人四分三厘馀。不就学者或在犹豫，或在免除。盖明治六年，男女平均百人中仅二十九人五分，以后年年进步也。文度省度支部，计出入款项，经常费四百五十万八千六百五十四元，临时费一百四十六万五千四百八十五元，比上年减额共七十七万三千二百三十二元。盖因时局影响，而经费紧缩也。其中不减者职员俸给，减十之一者生徒给费，减十之二者旅费杂给及其他费，减十之三者图书器械标本器具，减三之二者新营修膳也。年中派学事视察各员，自文部次官及专门普通学务局长、各大学高等学专门学教授以及图书审查参事视学等官，分别视察，或一回，或二三回。开高等教育会议一次，修正各学。各地复开夏季讲习会，斟酌便宜。虽历年如此，而今年为又增进步也。

经费紧缩不减职员俸给

32,9,12

兹将中学以上各校生徒作比较图如下：

普通	中学校	101 196
	师范学校	16 375
	高等女学校	28 533
专门	政法、经济	13 498
	文学、宗教、美术、音乐	6 141
	医药学	4 442
实业	农林、蚕、兽医、水产	13 222
	工业	7 361
	商业、商船	17 089

他若全国盲哑生徒之公私立学校，共十九处，内共盲生二百八十七人，哑生四百三人。已卒业者盲生八十人，哑生三十八人。各校学科，盲生所授，于寻常高等科外技艺科，为按摩、针按、音曲、琴学等；聋哑生所授，于寻常高等科外技艺科，为绘画、裁缝、木工、指物、雕刻等。

十四日　早九时，山越工作所贩卖部福田清一，偕代理邮船会社外航运送员山田政雄来。山田曾肄业小学四年、中学五年、早稻田大学二年，因务实业辍学。与谈政学，均能撮要。以商人而能如此，可惊也！又此商恒能介绍彼商，连类以及，必求一当而后已。商界之团结力，又坚确如此。 以商人而谈政学均能撮要

午后四时，偕谢康伯赴本乡座观剧。日本剧场所演新剧，均由绩学文人编撰付演。平时无剧，每一新剧出，第

一日不论一二三四等座均一律收资三十钱。观者阗溢，名誉以起。自第二日起，就观者之爱憎，以定一二三四等座剧资之多寡，并可由观者指疵改正。每一新剧出，恒演至数日、十馀日、月馀不等。盖皆于社会有裨益者。全市剧场凡四：歌舞伎座、明治座、东京座，与本乡座也。是日为新编之《侠艳录》，已演至十二次。此次剧资，悉入慈善会，为抚恤日俄战役阵亡将士家属之费。计一等一元三十钱，二等一元，三等六十钱，四等三十钱。至则一二三等座已满，仅购得四等券耳。脱履入场登楼，于最后斜平处促膝坐。

本乡座观剧

剧资悉入慈善会

剧台系圆规形，半露于外，半藏于内，可随时旋转。演者衣饰类平居。台上布置，于掩幕时拆换。忽为茶亭，忽为贵邸，忽为家屋，忽为园林溪桥，红叶满树，溪水有纹，悉系肖真装制。如演月夜，则窗外有光，明星点点。而剧中关节，谈话为多。举动情形，悉摹绘家庭状态。本场纯系悲剧。演至声情激楚时，合场男女，几无一不欷歔掩泪者。余等苦不娴日语，仅睹形式而已。全场分七幕。每幕演毕时，场前一大幔平移而过，停演约十分时。观者于此时，随意游散与饮食，卖食物者场中咸备。梆声起，则又开幕矣。第四回掩幕后，有慈善会男女各员登台演说，大旨为宣告捐赀抚恤及激发忠勇等语。全场拍掌之声如雷。余自四时来，至十二时仅演至第六幕，遂行。噫！戏剧之于社会，关系实非浅鲜。近闻津沪各茶园有改良戏曲之举，得在上者奖劝之，学士文人复各出其绪馀，化导

32,9,15

下流，普开民智，一扫淫靡之习、迷信之风，亦教育之助也。

十五日　早八时，赴五二共进会游览。馆门交叉国旗，游人如织。购券入，庭中饮食室咸备，并有台湾吃茶室等。中列战胜纪念盆景，以大石与苔点缀成山，山中道路缭曲；凯旋之兵，马步成列，皆系陶制。盆长一丈有馀，装绝精巧。盖此会本为日露战争后纪念，系前田正名、盐曰真二人所首倡，会集都下各种工商业组合而成。内如织物、陶磁、漆器、金属、小间物、化妆品、杂货、洋酒、酿造等，不胜计。 五二共进会

场屋绕庭之三面，为楼三层，中以意匠俱乐部所陈之织绒绣货为最佳。有折屏四叠，中绣白丝泷全景，山峦环抱中，细瀑纷披，水光飞溅，即写真片犹未能如此活泼。下标价目为一千七百元。又织绒屏，系织狸猫一，拳毛细密，目光炯然，价三百馀元。其他小件廉品，有至二三十钱者。有雕刻象牙所成之肖真像一，高约二尺，长约二尺馀，其纤细处，几不可容刀，价二万五千元。他如聋哑技艺生所制之绘画手工等，皆巧夺化工。馀则丝缅绸布衣履杂物，以及铜漆磁铅等器。类如他陈列所所见，而尤较精美与完备。又有造酒之大机一，并各种机械，如前越久之助所制之毛巾手织木机，价仅十六元。一足踏入而手牵之，中皆起线圈矣。面类制造机分特号甲乙戊号数部，每部或五具四具三具，每具名目为中延机、荒延机、上延机、缔机械、线面机、新式切刃等，每具高约三四尺，广 意匠俱乐部之织绒绣货最佳

狭不等。盖以面粉纳槽，次第延榨成薄长片，复以次入他机成丝，顷刻立就。价每部自二百九十馀元，至一百二十元。零件分购者，自十五元至八十元。又有真崎铁工场所制之制面机，其种类又较多。他如丰田式织机、杖形注油（此系农器去稻禾浮尘子虫所用）、制盐机、消防机（大小各形式不一防火用）、扬水唧筒、扬水器（田间用），自十四元至二十元。精米机长阔不逾二尺，居家用之最便，价百五十元。滤水器大小不一，小者仅三元五十钱耳。滤油机价三十五元。缫丝用之目挽坐缫机，亦灵便。各种喷雾机（种植喷水用），有自动摆动人力动等别。进退机，盖舟中用。精米大机，见以极糙米入之，须臾出，洁白如霜矣。

血协齿科医院

午后医士长濑长治君来，偕往血协齿科医院。由医生花泽鼎君，导观医室及课室。医室中列机械数座，多人就座检治，仰卧于枕，座下有括，可任意令座高下。用小镜刀针照而施治，旁绕学生观之。盖全院男女生徒共六十八人，别有教授室，学有所成，皆使之实地练习。其制药室，瓶盎罗列，图画模型器械等咸备。有米国人头骨全部，及米国女子全体骨一具，并二岁小儿头骨、八岁小儿头骨各一具，皆于其下颏之表面剜空，中露齿根，以为参考之用。见小儿齿盘，小齿重叠。盖乳齿之下，复有儿齿。儿齿落后，真齿始出，而颏中则已胚胎悉备矣。常人之齿根，有神经牵连，分行于两颊。遂出放大之门齿血齿诸模。或横断，或直剖，分为数片。折视之，则每齿珐琅

32,9,15

质内，均系中空，神经血脉，由齿根之末，贯穿至于齿心。是以外质苟剥落，中受空气，因而疼痛也。其齿病研究室，中列理化各仪器，有大小显微镜四具，显微极密。有放大二千五百倍者，此则仅供齿科用，皆放大六百倍之镜。镜头系购自欧美，其他全镜皆日本自制。出其病齿显微玻片。盖以受病之齿，用利刃切成至薄之片，粘于小玻璃片上。复取颜色涂于背面，由镜中视其虫害情形。别有玻瓶一，满贮人脑，火酒渍之，齿疼苟牵动神经，于脑质亦有关系也。又有胎儿二具，一系三个月胎，大如枣；一系五个月胎，大如鼠，所以研究其受生之本原。壁悬齿虫放大一千倍之绘图，计六十种。其教授室有二，四窗皆蔽以漆布，盖每夜须演放齿科影戏，以备生徒观览者。至工作室，皆生徒制造齿模配料之所。案皆平列，中缀自来火管，以为烘煅之用。遂出。及门，遇干事奥村鹤吉君，与长濑旧识，新自美国学齿科专门归国者，立谈即归。 齿病研究室显微镜

十六日　至浅草桥尾泽药局，访长濑长治君，并晤其母。遂偕至下谷区二长町今井齿医室，治齿毕。午后往践井口吾缲君之约，参观帝国医科大学。因倩长濑为舌人，遂至女子高等师范学校，晤井口君偕往。

至帝国医科大学，由助教授二村领次郎君导观。二村盖卒业于德国医科大学，归而入此为教员者。 东京帝国医科大学

解剖实验室。例不许外人入览。兹因井口之介绍，得相偕入观。室殊宽厂，中分为二大间，四围缭以玻窗，屋顶均通空气。列高二尺馀长六尺之平案十六张，分两列，

中为洗涤水槽，上通自来水管。二学生方于盂中涤人肺一具，半为青黑色稍大，半为红色略小。询系红者有病，青黑者无病，于五十馀岁之尸体中取出，死时距今二十馀日矣。凡尸体之须解剖者，先以火酒浸二三日后，始取出解剖。此肺盖已浸而先涤之，始行剖验也。旁列之二长方案上，各列已死之小孩尸二具。一系三岁女孩，一系五岁男孩。数学生各执刀钳割视之，头脑眼球脏腑等，均已取去另验。自咽至腹下皮肤，已随验随剥。诸生分据一部位，按生理病理图书，细验各神经受病之处。其内一大间，亦满列各尸于案。一老年妇系虚弱病死者，见于肠胃间取出五寸长之虫一，名为海虫。尸系贫而入院医治不愈者。一男尸系醉死于路，无人收领，遂由院中剖验其致死之由。尸体已腐败变色矣。又一尸年约二十馀，系弃儿而育于幼养院者，骤死不知病因，故剖视之。今距死已十馀日。而以肺病死之老者，方剖验上部脑神经，及肺神经各系。凡解剖各尸，先去外皮，划分数部位如下：

解剖实验

一左颜面	二右颜面	三上膊
四前膊	五大腿	六下腿
七背部	八肺脏	九心脏
十肝脏	十一脾脏	十二肾脏
十三膵	十四脑	十五睾丸

诸生各专意检验。盖每一尸体，须验至二星期之久也。其死后神经不易辨认者，则以洋红水由神经之总脉、用铜制器械、缚而灌入，则经脉皆成鲜红色，易于识别

32,9,16

矣。又用一种黄粉，遍洒剖割处，盖辟秽气者。室之一隅，见一生方执笔构思，或验毕而有所发明欤。计室中男女大尸共八具，男女孩尸共二具。

尸室。为初至之尸未经剖视者，先入此室。用酒浸之，然后解剖。中设尸柜三。其二柜已贮酒渍尸其中，其一则置尸板上，将检之入柜。旁列应用之药物器械等。

显微镜实验室。见一木匣，面覆玻璃，中渍支解之人体，数学生以纸严密封固之。盖此匣缝忽入空气，尸遂腐坏，因启而洗涤，重复入匣也。尸下各承以绵，上皆渍酒，如是者七八具。有严寒时所解之尸，躯脏皆坚结。或横切成片，或直切为二。隔玻片视之，但见肺胃心肾，悉了如指掌。两旁案上及地中列置之大玻璃瓶，或高约三四尺，或小至四五寸，不下数百。大者或置脊骨手足躯干等，有去附丽之肉，仅留脉络与骨骼者；有择关系之部，或留半臂与半股者。小者或置脑肺肝胃及胚胎小儿等。又以完全者不易辨识，复将肝脑等碎切成丁或成片，以供取视。有染以红色者，其玻瓶之上，覆以玻盖。盖虽平覆，然严密无间，不虞空气。并有一种头脑及脏腑等，上标死者姓名，并志某年月日所受死刑。盖此类皆资学生用显微镜之实验者。 显微镜实验室

标本室。如猴鹿羊鹤蛇鱼等，无一不备，甚至矿物植物亦有陈列。盖研究人体之生理，必类举动植各体之相似而有关系者参考之也。有大蛇，脊骨全具。询系上野公园所得，长约一丈四五尺。又有人皮一张，夹于大玻璃镜 标本室

中，皮上皆满绘五色花纹，为武士持刀、旁绕一龙与彩云诸状。盖四五十年前，日本尚有纹身习俗。此其一也。壁间则遍悬完全骨骼十馀具，每具悬牌志其种族，如独逸志、印度、虾夷等。非特于医学用之，即人种问题，亦可藉资参考焉。中列各玻橱，橱中并列胪骨，计共二百二三十具。旁为胎儿大小各标本，自一月以至及龄。有双生骈体之儿，或腹与腹连，或股与股连，或背与背连；有生而无脑者。他若蜡制之人体模型全具，价值洋一万馀元。又有铅制肝脏肺脏内之脉络。观人体模型之内部，心则偏露于左胸骨际，肺承肩下而撑满胸脊。至妇人之子宫，寻常不过二寸馀。自怀妊后，子宫渐膨胀而上托胃脏，食物横亘不下。是以吞酸嗳腐，久而始安。至三四月后，胎盘愈大，血脉皆受撑逼，运行不畅。是以上则神昏气促，下则腿足肿胀，其原因皆系于子宫胎大之故。又一人之心，各与其拳之大小同，则解剖中之所实验者。他如蜡制之胞胎，自一月以至弥月，蜡制之男阴女阴，自幼儿以至成人，无不表里悉备。别有玻璃大瓶二，一贮吾国人头一具，发辫毵毵然，一贮女子小足一对，指节挛拳，不知得自何所也。他如胞衣脊髓及肺下之膈，均分别渍酒，以供研究。壁间复见一大油画影像，盖三十年前医学初成立时，教员田口君之写真，悬为校中永永纪念也。室旁别有小室一，中悬人体完全骨骼共百馀具。头骨零乱，无可计。一人用毛刷磨濯之，盖防朽坏也。标品室之楼，上下梯制为螺旋形，登降殊便利。二村君意甚勤恳。观毕称谢

独逸志（德意志）

32,9,16

兴辞。

帝国大学有二，一在西京，一在东京，皆研究最蕴奥之学艺。东京帝国大学全部之敷地九万九千九百七十九坪馀，内分五大学，为法科、医科、工科、文科、理科。别有农科大学，在荏原郡。医科中又分医学科、药学科为二部。医学课程四年，药学三年。医学之一二年生，皆须实习解剖，至三四年即有患者临床讲义诸课。盖医科大学又有附属之医院二，第一医院即在大学构内，第二医院，则在神田区和泉町，皆为学术实验之所。因时促不及遍观，遂与井口君分道归。

十七日　八时，谢康伯来，即偕往青山练兵场。盖今日为日本天长令节，即天皇之诞辰，于八时三十分，天皇出宫，亲赴青山练兵场，举行大观兵式也。匆匆出旅馆，则沿途铺户，均插国旗。电车之直驶青山者，均涌溢不可入，车上亦交叉日徽。不得已就他处电车，转折而入内城。所经邸第官署学校等，亦皆旗帜飞扬，欢声喧杂。车至远离三四里处，即停不复行。遂步行随众曲折以进。须臾各国公使均乘马车过，独未见吾国公使。各贵官亦陆续过，皆着大礼服帽，少时有戴德国式黑漆军帽之宫内警察数人清道，又少时，注进使一骑飞驰过，旋调马手一名先驱，警部二骑，各平握红缨之短枪并行。次骑兵十馀骑，亦整队左右进。但闻蹄声沓沓。次前驱之马车，为式部供奉官一员同乘。又式部长与次长同乘。又宫内次官内大臣等各马车继进。又次为骑兵左右近卫佐官、高捧御旗，尉

青山举行大观兵式

官二名骑行，后即天皇之御车也。天皇衣大元帅服装，佩功一级金鸦勋章，及大勋位菊花章，今年五十五岁，下颏已蓄髯，容颜仍如写真片之所见。马车中陪乘者，为一白髯贵官，询之知系德大寺侍从长。车后皆供奉之皇族，如贞爱亲王、邦彦亲王等。最后近卫将尉二骑。又侍医式部警部诸骑。前后侍从延长不过十馀丈地耳。辇跸之简捷如是。道旁立观者，见天皇至则均脱帽。过后人益拥挤。比至练兵场，仅得入而远观之。

场中基址辽阔，远见天皇策骑游观阵中。余等所得近接瞭览者，仅骑兵炮兵步兵十馀队耳。然闻横滨方扩充大练兵场。因京都人烟稠密，将以此场地充作市肆之建筑也。又闻皇太子于昨日午前十时十分，由新桥至横滨观竞马会，神奈川县知事及英国临时代理大使、与同会役员等，均奉迎拜谒，于午后五时发横滨。同时五十分还青山东宫御所，报告天皇。天皇遣丹羽式部官，赐银制花盛钵一个云。又闻是日天皇还幸后，将由皇太子殿下及各亲王殿下皇族群臣拜贺。西园寺首相，则代表群臣；米国大使，则为驻在使臣之首席，并赐筵宴云。稍一观览即行。因电车皆极拥挤，遂乘人力车行。

至日比谷公园

至日比谷公园。园依山而建，面积五万四千八百三十五坪九合九勺。旧为陆军练兵场，明治二十五年始编入公园。开六门，设纵横之道路，翳林木，植花卉，敞池塘，春樱秋枫，最称美备。今则满开菊花达五千馀株之多。花大如碗，惟菊干过长，种类不若吾国之精善耳。有喷水之

32,9,17

铜鹤一，张两翼立池中岩上，下则浮鹥游泳其间。休憩之椅最多。有椭圆形之大运动场。场北小阜为音乐堂，盖去年日历八月一日之夕，开音乐会于此堂。迩来陆续开会，他园亦相继踵开也。园中有料理店，一为松本楼，一为三桥亭，室皆幽爽。食西洋料理毕，遂分道归。旋大桥末彦君来，约星期二往观早稻田大学。四时至浅草桥尾泽药房访长濑君，晤其兄长濑安平，云其弟因事他往，倘有参观，渠可代为舌人。安平设药局于天津者已六年，近归省也。

十八日　豫晋秦陇各留学生，为追悼李君培仁投海事，于今日开四省同乡协会于神田锦町之锦辉馆。八时往。座中悬李君影片二，两旁吊挽诗联甚多。学生及来宾等，亦纷纷续至，坐席殆满。当由山西干事员，布告李君死事之原委。即由山西学生监督吴君，演说矿事攘夺之源流，并申谢外省来宾盛意。次由安徽学生代表刘君演说，又为陕西学生监督缪君演说，词均激烈。最次余亦登台，大旨勉诸生以爱国爱乡、众志成城而已。因与涩谷元良君有约，遂先出。 同乡协会追悼投海之李培仁

访涩谷君于牛込区市谷町本庄子爵邸内，地殊僻野，室中陈设亦极朴素。相见后，并介其胞弟藤泽悌二郎出见。藤泽盖毕业于中学校，现方肄业于外国语学校，略能吾国语。遂与涩谷君笔谈甚畅，薄暮始归。 涩谷元良

兹将与涩谷君论学之问答，撮要记录如下：

问："敝邦朝廷于教育事，虽有极严厉之诏敕，奈官 论学问答

吏素少经历，其间纵不无一二达人及实心办事者，然欲左忽右，欲右忽左，徒费时日与财力。窃愿闻贵国学务执行之目的。”

答：“溯敝邦昔时，讨其所据，获益于贵邦之儒学最多。古来武士之间，讲孔孟圣贤之书，养成道义之念。明治维新，今上皇帝轸念治国之基，端在教育学艺、普及庶民，于是盛输入欧米之学术、物质之文明。一时靡然向风。惟智识进而道义不振，则国家之维持难。于是明治二十三年十月三十日，给教育敕语，明示率由，遂定普通教育之方针，官民倾意讲究。今于学校教育稍可观者，盖由于是。然尚在过渡时代，未尽事宜，固甚多也。贵邦现派学生于海外，盛研究学艺制度，比年国步大进，国础益固。然智识与道德须骈进。于他邦之事，取长舍短，以斟酌适要为宜。愿贵邦朝廷速定教育之大方针，依之实施。”

智识道德须骈进

问：“知识与道德骈进，他邦之事，取长舍短。金玉之言，实所钦佩。惟教育亟须普及，颛氓恒多观望，则非行强迫之策不可。然士绅办事者少，贫穷无力就学者多，其间必生阻碍。贵邦维新之初，于励行强迫教育时，情势若何？愿赐告一二，并示执行之纲要为幸。”

强迫教育

答：“强迫教育之事，行之之难如贵说。敝邦曾仿英国之法，当局者锐意立法励行，惟彼时中流以下人士，类皆不知学业为何物。然经达识之士、名望之绅，呼应于下，与政府之方针相唱导，始渐周知学问教育之为必要。

32,9,18

迨文部大臣故森有礼氏自欧洲归朝，提倡教育之要，始定师范学校中学校之制，以为大纲，于强迫之一面，又讲奖励学问之道。凡一町一村之美举，必予表彰。寒村僻邑之教师，有绩必予赏赐。于是人心咸翕然向学，以无学校之设为耻辱。六岁以上为学龄儿童，定期必使登校。有不就学及缺课者，教师偕村吏至其家，说其父兄，劝其子弟。又时开奖励会，成绩品展览会，儿童演舌会。又遇学龄儿童悉数就学之地，立标以表其功绩。逐渐推行，遂几无不学之徒。惟教育贫民子弟，有不能纳于是法者，则有如（东京市下谷区万年町之东京市立万年小学校）等，以谋变通。万年校殊有效绩，可往观也。” 奖励教育

问：“敝邦于学校应用之教科书，完善者甚少。如贵邦之整齐美备，良由于文部省鉴定之适宜也。”

答：“教科书为开智手段之主要。敝邦之书虽可参考，然贵邦亦不可不自撰。由民间达识之士，随意编纂，由在位达识之官，就中择用可也。惟要于时代之趋势，勖品性而养活才。” 教科书不可不自撰

“尚一言。小学教育者，普通教育之基本也。故施小学校令而强行之，同时宜布市町村制。对于市町村制，而命营设学校，维持小学校，令相须相用。故于教育事甚为易行。贵邦其能于一省试一之乎？”

问：“敝邦人往往有心者无力，有力者无心。朝廷于兴革之事，障碍甚多。一事已定议，奉诏敕矣，而顽固派恒不愿实力奉行。朝廷亦未能举此最多数之顽固辈而尽惩

罚之。欲藉最少数之人，鼓舞振兴，事大不易。先生缕悉忠告，敬佩曷已。”

答：“贵邦之情形如贵说。以四百馀州之大国，统一之难，诚非易易。然虽各省分据，民人胡越，而教育之要，万邦必咸出于一。官民虽少醒觉，唯其醒觉可待。如仁兄热诚兴学之辈，日夕唱导之声，愿由新闻由演说以启众盲，由学校经营示其实进。冀具眼之官绅，整理学制。如前所说，于其勤者奖之，惰者督之，有功者赏之。町村间悉就学者表彰之，准情势以为措置。失败顿挫，不以为意，百折不挠，期成功于他日，事无不遂也。且行教育以开智慧者，天之所畀也。不行是背于天，背天者国倾。仁兄纠合同志，其为天意人道努力。”

教育之要万邦必一

问：“敝邦居留贵邦之学生，有根柢者甚少。贵邦以高等卒业生游学欧米，敝邦以无程度学生游学贵邦。办法不同，收效亦异。近年以来，恒有在贵邦仅得皮相之学生，回国后厚蒙大使优待，畀以重任者。是诚不足为先生笑。”

答：“贵邦官费学生，与私费学生之来敝邦者，其数年年增加。然敝邦官立公立诸校，生徒类皆充满，于贵邦学生，仅得以馀席相迎。于是遂有私人新兴之各校，如政治法律经济警察监狱文学等，夸张表面，揭羊头卖狗肉之处，随处建设。学无秩序，技无系统，而在贵邦学生，得一片之卒业证书，即扬扬然衣锦归国。将为如何事业？与求如何成绩？窃恐徒戕贼彼人之子也。是宜于考试时验其

留日学生年年增加情形

32,9,18

品学，然后为因地因人之配置。又贵邦延聘敝邦之教师以掌教育，然其间有能有不能。嗣后如有延聘，当知照敝邦文部省，代择人才为要。”

十九日　午后一时，偕长濑安平、谢康伯等往游靖国神社。盖社为嘉永以来、奔走殉难于国事者及西南之役、中日之役、日俄之役战死军人崇祝之所，是日为社中大祭三日中之第一日也。社在神田区九段坂上，坂下有辽阳大激战图观览处，门列甲午战利品。前于上野曾见辽阳战图，然此必有异，因购券入。其夹道中及瞭台一如前式，惟海陆军战事殊异，地亦略变。海军则水雷飞激，榴弹炸裂，露舰有发火者。陆军则刀剑相接，血肉模糊，盖最激烈之肉搏战争也。露军有据一小堡张皇拒围者，日军有攀援荆棘伏草发枪者。颓垣破壁之下，有中国难民，横被杀伤，呻吟宛转者。每一巨弹着地，陡起烟尘，中伏火光，但见断手折足碎飞寸裂而已。观毕，出登九段坂上，迎面一巨石表，大书“靖国神社”字。左侧道旁一铜表铭文，系为西征将士战死者之纪念，并立者为故陆军大将水上操六之铜像。旷地之中，为大村铜像，制极高大。大村名永敏，又谓大村益二郎，维新之前，曾为长门藩士。极研究泰西兵学而为教授。其忠义不亚于楠公。明治二年，为东京凶人所戕杀，赠从三位。是日因大祭，游客甚多，百戏咸备，因一一遍观，盖欲知日人风尚也。

靖国神社

是日大祭游客甚多

每一剧场，约方广各三四十步，周绕布帷。帷则时启时闭，欲游者流连驻足，因而入观也。价每人或四五钱二三钱不等。遂入一曲艺室。适演绳技。中庋钢线一，技者足袜徒手行于上，为一足立。或横身二足立，出怀中一巾掷线上，身渐俯而口衔起之。或掷巾于前，以一手出胯下反取之。或手执钢线，身腾起倒植线上。馀无足异者。次为驰马。技者腾身跃上，执鬣间之一钩，身如梭织，忽左忽右，复于半途挽一幼者登其肩，又挽一幼者更登幼者之肩。又能使马屈其前蹄，跪向四方。马忽伸足卧，状若死。忽应呼起，疾驰如初。又次则场中设一四方铁架，每角皆紧系以绳，架高约六尺馀。六幼儿共飞起攀援之。或一手，或一足，各绕杆盘旋如轴轳。甚或翻身背绕，悬手直绕，两儿牵连共绕。又次为蹴缸。一小儿仰卧案上，举足起缸，缸中端坐一儿。须臾以一木盆接缸下，足蹴木盆，缸在盆上矣。须臾又续一盆。缸中之儿，乃徐徐起立，又徐徐缘缸口上，两足跨立缸口，复徐徐下。蹴者以次去盆，侧缸而横举之。斯时缸中之儿仰卧矣。复以盆一一续之如初。须臾缸中儿曲身出，身伏缸面，渐以一足上，以两足上，最后乃起立缸面。复徐徐退入缸仰卧。蹴者又以次去盆如初毕。又次大小演技诸儿共十三人，为踏肩之戏。以肩承足，能积累至四人。或一人跨二人之肩，错综高积十三人，共连缀成一巨屏然。其登降之捷，仅以一手偶挈之，即猱升而上。复有以三人之首觭角攒聚，别一人缘背上，亦以首倒植于中，足向上直举。如此者且累为三重。观毕出场。其他若犬戏场，则聚十馀小犬，衣锦衣，戴面具，扮演各剧，犬口且能作异声。击剑场，则数

各种杂耍

32,9,19

武士戴铁网于面，蒙革囊于手，各执竹剑，相对互击，以击敌要害，令不能抵抗者为胜。其馀技场十数处，皆无足观。最后至一处，为猛兽竞争之戏，因入观之。则巨栅中二人牵一牛，令与熊角。熊败逃，驱入笼。次为一吾国人，辫发短衣，为幻手术之戏。翻身滚地，手中忽出一玻碗，水溢碗外，中浮红鱼。演毕，栅中忽出一马，亦能起跪，忽性发与驭者角。视彼演手术之华人，则被蒙茸之羊裘，立于入口处，群皆注视之。余乃大愤，愤国力之衰弱，下至演技者，乃竟敢以之侪于牛马，同时演剧。彼恬不知耻，犹甘为之，何惛若此！因至彼人前，给以车钱，嘱于晚十一时演技毕，来寓一谈。

愤华人与兽同演

至神宫前，见军服者二人，及曳巨尸张巨伞纱帽而朱碧衣者数人，同时由内出。询之，知军服者，海陆军之二将也，古衣冠者，致祭之祭司也。神社之阶，惟战死者之家属，得升而致礼。阶上有僧人二，一似住持，衣碧；一似行者，衣缟，襟袖皆棱棱然。庭间有警察立焉。社左林间，轩然巨屋，国光馆也。馆门列甲午战役、夺获战舰上之气筒二，馆中得自吾国之战利品及日俄战役之战利品，胪列最多。馆外绕铁练为栏，臼炮机炮，随处皆是。有吾国物，他日当详志之。右行则群聚围观者，相扑戏也。穿林而前为喷水池。其机括系制一铜力士拥巨鲤之形，水从鱼口出。复绕行而前，则一小台方演日本古剧。观者寥寥，演者戴面具，手舞足蹈，不闻发歌，但闻弦索铮铮节拍之而已。遂出，至演技处，更择一二人观之。又见有吾

致祭祭司

国光馆门列战利品

国技者男女三人，所演类相等。

归寓，有南宇兵卫君偕一日人名吉雄丰者来，稍能吾国语，盖同学也。晚十一时，技者来。问其名，及来日行踪，答为张圆桂，天津人，同业而来日本者共四人。在津时因不娴日本文语，为奸人所弄，立契约卖与日人，演技一年，共价洋一千八百元，而四人实各得二十元耳。来东仅数十日，资已罄，索价乃知被（术）〔骗〕。鸣于官，不得直，委曲磨折以至于今。幸演技尚佳，主人不敢拂。且与日本一寡女婚，颇相得。本以大阪为售技地，近受人延订，始来京师趁集场耳。月得薪二十元。余因以人兽同演耻之，并奖誉其所演技，谓何地不可得食。张乃恍然大愤激，力言必辞所主，断不再辱国体云。辞谢去。余为之慨然。

与华人技者交谈

二十日　午后，赴早稻田大学，践大桥末彦君之约也。至则大桥君已相待矣，即介绍校中讲师兼留学生部主事补渡俊治君相见。君于吾国语殊清晰，遂导观各学室。

早稻田大学

校中日本学生，与吾国留学生，分为两部，各有讲堂教室，不相混和。留学生部，科目分为预科、特别预科、本科、补习科等。预科一年，专习日语及普通各学，以为入本科之地。特别预科一年，专习英语日语，以为递进高等预科大学部之地。本科二年，设有师范科，凡预科程度相符者入之。师范科中分为理化科、博物学科、教育历史地理科三种。补习科，为本科之毕业生仍愿留学加习者设。凡留学生欲入大学部、肄业政法经济文学商务者，须

留学生部

32,9,20

特别预备科高等预备科毕业后始可。欲入高等预备科者，须特别预备科毕业及英日语各科程度与中学校毕业者相符，考验入之。校中别有寄宿舍，舍费伙食费，月给日银十二元五十钱。

留学生所授皆浅近

历观各留学生教授室，人数殊多。而本时所授，类皆日语及地理等课之浅近者。询其程度，盖入大学专门者较多，入高等预备科者较少，现仅十馀人耳。至大讲堂，室极宏大。时值教授中，仅见数十日生耳。至理科教室，询知为吾国学生特设者。旁为机械标品室。至图书馆，有藏书楼，楼分三层。其入口两廊，为杂志部，分各格庋之，每种十馀册数册不等。楼中则各分部属，如政治、法律、历史、传记、地理、统计、哲学、宗教、经典、文学、小说、笔记等。其中汉文者，如《图书集成》、《南巡盛典》、《粤雅堂丛书》诸巨制皆备。宗教类，见有《大藏经》全部。楼中别有各矿矿质，楼之前有阅览室，足容数百人。校中别有讲义录发行。至留学生之卒业于本科、与日本生之卒业于专门部高等师范部者，得一体称为“得业生”；卒业于大学部者，得与日本学生共称“学士”名号，如早稻田大学政学士、法学士、文学士、商学士等。然以余意观之，学科既不相同，教室又不合一，程度又判然相悬，而仅博一学士名号以为荣，日人固将鄙之。校中近因各部学生增加，于本年一月，复添筑讲堂百二十二坪。七月又增筑出版部及仓库九十三坪馀。统计全校占地一万八千九百五十五坪。遂别补渡及大桥君归。

二十一日　早九时，赴浅草桥访长濑安平。适他出，与其店中药剂师某笔谈。盖全国最大之医学校有七，七校之中，其程度最高者，即东西二京之二大学也。凡大医学校中，均有解剖部，及附属之医院。盖研究医学，必从解剖实习入手；而学业将成，犹必就患病者临床讲义，或为助手，或自行着手也。故东京帝国大学之医科，四年卒业。其第一、二年生，皆偏重于解剖学及病理解剖学实习。第三年生，即有内外科临床讲义。至第四年生，学科遂悉系临床讲义，间研究霉菌、精神病等科耳。至医科大学之药学专门，三年卒业。第一年制药化学、药用植物学、植物解剖学、分析术实习、制药化学实习、植物学实习，并显微镜用法。第二年生，药学裁判、化学卫生、化学植物分析法实习、生药学实习、制药化学实习。第三年生，有机体攻究法、调剂学裁判、化学实习、卫生化学实习、调剂学实习、药局方使用法实习。其精详如此。噫！吾国之医者，仅凭已往之方书，贸然临症，以医为意，颐指气使，复不欲病者之哓哓告语，以为操秘术也。负重名也，固无乎不能。而施用之药物，牛溲马勃略一区分，炒煅研制，何关重要。以是而求愈病。人命之价值几何，是可叹也。某君又言，东京之有入医学志愿者，每年有八千人，及第者八百人，卒业者三百人，得成医士试验合格者百五十人云。

药剂师之言

少时长濑来，即偕往市立福井寻常高等小学校一览，晤校员篆井和卫君。校中课程教室与他校无绝异者，计男

32,9,21

女生徒共七百七十人，男女教员共十七人，教室凡十五。教员支俸，平均每人每月二十二元。其庭中适系初级学生为游戏体操，一男教员立于园中，群儿环绕之，相和唱歌，节以风琴，随唱随以手足舞蹈，为种种状态。观之最有兴趣也。遂作别归。午后三时，藤泽悌二郎偕同学峰尾大八君来。峰尾居牛込若松百五番地，习吾国语殊佳，因共畅谈。

二十二日　偶得东京全市银行及会社工场调查实录于读卖新闻社，类志之如下：

银行类　各种银行

日本银行，创立于明治十五年，资本三千万元，分十五万株，配当金年一割二分。

日本劝业银行株式会社创立于明治三十年，资本一千万元，利子配当年一割（按此银行系对于农工业，以五十年长期低息，贷与资本，期其改良，如开垦水道土质道路堤防植林纺绩制丝制纸漆器等，及其他农工各事业之改良）。

日本兴业银行，株式会社资本一千万元，配当金年六分。

第一银行，株式会社，明治六年设立，为日本银行之鼻祖，资本五百万元，配当金年九分。

第十五银行，株式会社，明治十年设立，资本千八百万元，配当金年七分。

三井银行，合名会社，明治九年设立，资本五百万元，配当金年四分。

横滨正金银行支店，株式会社，资本一千万元，配当金年六分。

他如贮蓄工商割引不动贮金铁业实业等名目，以及寻常各银行，资本自五万元起，至数百万元止。或系本市，或系支店，共尚有一百六十三家之多，不能类记。别有东京银行会集所，以为各银行交通声息之机关。有又手形交换所、兴信所、商业会议所、株式取引所、米谷取引所、商品取引所等。

各种会社

会社类

保险部

生命、火灾、造酒火灾、海上运送火灾、海上保险、征兵保险等，共二十八会社，资本金自十万元至五百万元。

制酒及精谷等部

麦酒、精米、制粉、制糖等，共六会社，资本自三十万元至二百万元，中以糖酒为最。

炼瓦硝子部

炼瓦、白炼瓦、炼化、炼炭、硝子、セメント等，共十会社，资本自一万至一百万元，其中资本以炼炭为大，利益以硝子为大。

汽车汽船机械部

造船、造车、机械、铅管制造等五会社，资本自八万六千至一百零五万元，内以造汽车资本为大。

32,9,22

殖民及贸易部

殖民、移民、贸易、海底事业等，共六会社，资本自十万元至一百万元，内以殖民为大。

纺织织物纲物部

瓦斯纺绩、纺绩、モスリン纺绩、绵丝、リンヤス、制绒、毛织、制麻、绵子ル、帽子制纲等，共十六会社，资本金自五万至五百八十馀万元，内以纺织之资本及利益为多。

制纸制药制冰部

制纸、板纸、纸料、洋纸、青蓝、护谟、酸曹、醋酸、肥料、制药、制冰等，共十七会社，资本金自五万元至二百三十万元，内以富士王子二造纸社资本最厚。

电气瓦斯点灯部

电气、瓦斯、电灯、点灯等，共六会社，资本金自十五万至七百五十万元，以电灯为最。

新闻部

新闻，共四会社，资本金自六万至十万元。

印刷部

凸版印刷、印刷、活版，共八会社，资本金自四万至三十万元。

交通部

日本、北海道、川越、岩越、总武、甲武、京釜、水户、青梅、博多湾、东武，各铁道株式，资本自廿馀万至六千六百万元。电气、电车、市街，各电车株式，资本自六百万至千五百万元。邮船、汽船、商船、船渠、内国通运、运输、海陆社、递业，共二十九会社，资本自五万至二千二百万元，内以日本铁道、邮船会社资本为最厚。

矿山部

三井矿山合名、三星炭矿、磐城炭矿、入山采炭、茨城无烟炭矿、茨城采炭、王城炭矿、北海道炭矿铁道、芳谷炭坑、巴石油、东京铜铁，共十一会社，资本自十二万至千八百万元，以北海道炭矿为巨。

工场类

衡器、量器、电气及船具、铁、洋伞沟骨及诸器械、机械、汽罐、染、壁纸、革、靴、时计共十八工场。内职工男女自六十人至二百馀人。

其他附属于各商店之各工场无可调查约分为：

吴服类（和洋各织物附）　玩具雏人形类
小间物化妆品类　米谷类
丝类（染练麻线生丝）　鲣节鸡卵类
时计类　果子类（即干点）
家具类　面包类
陶磁器类　石灰类
铳炮弹药类　写真类
印刷类　广告类
自转车类　标本类
农园类

关东铁工所所长

十一时　往访关东铁工所长远山竹三郎君于鞠町区富

32,9,22

士见町。远山君病目不能笔谈，遂电话召其所中支配人石川定辰君来。询以铁工制作，云系专造矿山机械、各种铁制机械等，并谓中国矿产最富，水力电力各机，皆可因地制宜，以辟天产。又繁盛区域，最宜遍设电灯、电车，合计用电至一千匹马力，可达中里一百二十里之远，资本三十万元已足。即相偕赴西洋料理店午餐。

二十三日　早八时，赴浅草桥招长濑安平，偕至本所区林町东京府立职工学校观览，由助教谕本间鹤治君导观。

东京府立职工学校

校创于明治三十二年，至三十三年始招募木工金工学生四十名，然仅三十名应募。后乃逐渐溢额。今则定额一百二十名。然现在建筑部者五十名，机械部者八十二名。工场实习，为建筑、机械二部。建筑分造屋、家具二科，机械分木型、铸造、锻冶、仕上四科。造屋者，授实地应用规矩法，构造和洋馆舍。家具者，制造和洋各器物。木型者，制造机械原范。铸物及锻冶者，均制作机械各部。仕上者，就机械各部，从生徒之志望，分析为之。学科为修身、材料、工作法实习、图画、数学、理科、国语、体操。其材料工作，为授直接实习之学科，如材料则名称、产地、性质、效用、鉴定、价格等，工作则着手顺序之取材、见积、仕样、形状、构造、鉴定、效用，及手入法等。制图之主要，在养成理解巧思，而练习透写临写缩图等术。各部之修业年限为三年。入学年龄，满十二岁以上。高等小学二年修了者，卒业后任自由营业，及就职于工场。

校内工场有五：一建筑，二木型，三仕上，四铸造，五锻冶。所用机械如旋盘、带锯、圆锯、铇机等，模型如家屋各缩小模范及器具等，他如熔炉、送风器、螺旋、切盘等机，以及各学生实地练习，大致与广岛职工校所见者略同，而规模较大耳。全国如此学校，现共有五十所云，要之为促工业之进步，而养成善良之职工，出精致之制品，而又不失德智之涵养，则本校教科之旨也。

复附属有工业补习夜学校，盖特为昼间从事于劳动之幼年职工，用简易速成之法，使得职业上适切之智议。于工业进步，最收速效。其教科为修身、国语、算术，及关于工业各科目。如大工六个月卒业，指物三个月，木型九个月，锻冶三个月，铸物五个月，仕立六个月，制罐三个月，皆兼为制图及工作法。学年限十二岁以上，现有自十五岁至四十三岁者。定额每科三十名，今则各科合共一百名。其资格皆须有寻常小学卒业之程度。

东京高等工业学校

一时，赴浅草区藏前片町东京高等工业学校，盖与校中留学生严智怡君有夙约也。严为范孙侍郎之二公子，品学纯粹，以贵介而能志愿于工科，已非常识。且其昆季妻子，均在东京学校及幼稚园，殊可钦羡，寓芝区高轮南町三十番地。适直隶各学校、学监四人，同时来观，遂偕入晤严。严君言吾国之留学于此校者现共四十五人，入学皆须试验英语、数学、理化、图画等，又须在中学校毕业者。凡不经试验及朝鲜、印度等地人，入选科，不能听

32,9,23

讲。选科卒业后，考入预科。又卒业，入本科。此校名为高等，其科学程度，实较他高等学校为低。以校中各课，皆偏重于实习也，一星期间实习占十馀时至廿馀时。而每日课程，自晨至昏无少暇。去年校中特定吾国人学额，年收三十人，永以为例，较他国优异，成绩亦佳。惟卒业后，尚须补习以求完美。而吾国学生往往有不待学成，即匆匆返国者。计二十九年卒业者四人，三十年三人，三十一年二人。或赴北京大学堂，或赴湖北工艺学堂，教授化学机械等事。全校学科，分为染织科、窑业科、应用化学科、机械科、电气科、工业图案科、建筑科；又分染织科为色染分科、机织分科；分电气科为电气机械分科、电气化学分科；共九科。各科专修年限，各为三年，遂由讲堂导观起。 校中各课偏重实习

此校讲堂与他校有不同者，盖每遇星期四必聚集各地金木织染诸工人，来听演说。又每月一次演放幻灯，任工人之观览。幻灯类皆于工业有关系者。

工业图案科。学科为图案法（分形状、装饰、彩色三部分）、有职故实（自太古期至近世期衣食住等沿革）、建筑装饰、工艺史（自上古至近世之染织漆陶雕铸印刷图画及机械船屋等之变迁）、博物、制版化学、自在画、图案实修、图案应用（就本校各工场研究其工作方法之如何，如木工之形式、金工之铸造、染织之花文、漆工窑业之绘画等）、制版（第二年实修写真石版，第三年分二部，一部电气铜版，二部纲目铜版、亚铅凸版、三色 工业图案科

工业进步肇始于图

版)。盖工业进步之导源，实肇始于图画，使生徒专一科目实修之。于是各出意匠，精益求精，制造遂日臻奇巧矣。至图画实修室，出各年生所手制之图案，如染织之各新奇花样、陶器之各形式彩画及仿欧美各国之式，又铜铸类之瓶盎器皿等、漆器类之形式莳绘，及奇巧凹凸诸范本。大者如建筑类之凯旋门、喷水机、和洋各式房屋馆舍之配置、外饰内容，或正或侧，皆分折制成极精密之图。小者至书册之封面、日用之小具，亦莫不推陈出新，斟酌尽善。共阅约百馀页，未能尽也。因思日本制造之日进无已，且能改良西洋制品者，其原因实系于此。旁为课室。诸生或据案执笔，或临写石膏模型，各从事于实修。其制版工场，第二年生，方实习写真及石版。第三年生，方实习电气铜版玻璃版等。其玻璃版即用写真画上厚玻璃片，用以印刷。别有三色版，其法用黄红青三色，次第相加而刷印之，自成各种彩色。盖各色皆不外此三色所变化也。

色染分科

染织科色染分科。学科为机械学（授各机械之动静力水力物质强弱及燃料蒸汽之性质等)、色染（授诸纤维精练漂白色染药性之应用法)、色素化学（授制造油炭酸炭化水素及性质应用)、实地染法、机织（与机织生同授)、织物原料（口产地价格品类试验等法)、织物仕上（与机织生同授)、图画及图案（习练其配色法)、织物分解及意匠、工场实修（先习漂白浸染各法，次及染法坚牢试验，染法费用调查，混合色染法，及捺染蓝建染等)。内有捺染机，为印花之用，系瑞典制，价七百元。

32,9,23

其染料日用普通名目，多至七十馀种，然尚日出不穷。日本所用多购自德国。盖此料系用煤气中之臭油化分出之，值本不昂，而以德国制品为最，无论何国皆用之。甚有他国以原料嘱德制成而购取者。室中一巨大染机，延长约占地五十馀步。以染物入此方，出彼方，则已染毕榨干且折叠矣。此机可日染二千匹。壁间遍悬色染小绢片之各标本，及各种染料药料陈列品。

染织科机织分科。学科为机械学（与色染生同授）、机织（授机械之种类计算织物之组织案出法）、色染（与色染第二年生同授）、织物原料（与色染生同授）、织物仕上（绢木棉花其他诸织物之仕上法）、纺绩、纺绩机构图画及图案（与色染生同授）、织物分解及意匠、工场实修。内有最大织毛机，盖新自英国购来，尚未开织也。他若木棉丝纬卷机、绢丝纬机、天鹅绒二重机制机（德制）、木棉自动织机（英制）、绒毯用力织机，系以线穿纸版之眼，纸版折叠下垂，反复梭织之（英制）。价一千八百二十六元。木制小织机，可织窄布及巾类，价仅二十五元（本国多田成政造）。写真手织机，系织绸绢各片，上皆肖真之绘画。又有洗绒机，用瓦斯煮毛，使之洁净（比制）。缩绒机、糊付机、上光机、雾吹机、刷毛机、电气热用水湿机等，指不胜屈。盖一织物成，必经多数机械。其精密如此。此间司机者为德人。 染织科机织分科

窑业科。学科为矿物学、地质学、窑业（授制磁玻璃炼化石等之原料调合用机械及烧成试验筑窑等法）、图 窑业科

画及图案（依图案磁玻璃诸内外国制品之形状种类及配色）、工场实修（第一年为碎粉水簸调合辘轳铸込模型及试验原料之理学的烧成的性质，第二年原料之机械分析化学分析瓦斯分析，第三年研究制品改良工场设计窑业讲义等）。见先以原料之砂土石膏等碎磨细末，入木柜中，注水流洗。通过三柜，其质遂细。复入除水机去水，馀净土，入模成形式。复入辘轳修整之，及起纹线，遂施镌刻。刻毕入炉，炉旁有小眼，以观火力之表度。锻成后如系瓶类及形式苗条者，虑其不固，则入一平秤机内，用机夹瓶之两端，拽拔之，视其损断之所在，以图改良。凡制瓶欲空其中，但以湿石膏入模范，经火燥后，即自然中空。凡陶磁器，此间年出九百万元之货。一为砖类，二为玻璃类，三为磁类。

应用化学

应用化学科。学科为矿物学（与窑业生同授）、制造用机械（授关于制纸制糖制油制粉各机械事项）、冶金学（与电气化学分科生同授）、应用化学（授燃料火床筑造石炭瓦斯制造法蒸馏法及硫酸漂白粉等之制造，颜料脂肪油石碱涂料蜡砂糖酿酒制冰制革之各原理性质制法效用等）、电气化学（与电气化学分科生同授）、工场实修（第一年制造用具之取扱法玻璃管屈曲接续及手细工与分析法，第二年实修无机酸及有机化合物合成法，第三年实修诸化学制品之制造法）。其化学分析，有二实验室，一为定性室，定其何类之性质；一为定量室，定其熔液之重量。定量之天秤，置于玻璃罩中，准量至于极微。空气飞

32,9,23

尘与燥湿皆当防范。冶金之炉，用牛骨灰制之小碗，入矿质熔之。轻者浮而重者沉矣。炉系火泥制造，购自欧洲。火床则用以化分木材干料者，用蒸汽使木端流出之液，由铁管出。凡颜料硫酸漂粉等皆取资于是。自制而自用之，价廉至数十倍。由他管所出之炭气，又可制作瓦斯料，而木质之炭仍可用也。壁间见有屈曲各玻璃管，盖一年生须实习接续玻管及制造法。盖玻管之用最广，昔犹购自欧美，今皆自制矣。旁有取资应用物料表。至酿造制糖实验室，有脂肪浸出器、制糖制酒各原料。见有用八百倍显微镜，视原料之淀粉，有无霉菌（法以一玻管入料其中，棉紧塞其口，入水煮三十分时，去料中空气，用镜视之），然后分析之。其制糖，用绞轮先绞出糖质，入两铜罐盘旋片时，油浮而质沉，糖由管中流出。复用火力烧去水气贮之。蒸蜡之法，用二重叠之玻管，下用蒸汽蒸之，油由内管腾上，曲过冷水柜中，则油复下行入于外层之玻管，视其油质几何。诸生各据一机实习之。室中又悬有制糖各表，皆学生研究所得。如制糖原料，需用一百七十亿者，内用甘蔗制者七十四亿，甜菜制者九十三亿，而各国食糖之数，以英为最多，以意大利为最少云。

自制自用价廉至数十倍

机械科。学科为工作法、应用力学（以动力静力为纲，次及水压力冲击力机械之回转对滑动对螺旋对歪板制轮齿车等讲求上）、发动机（汽力瓦斯水力等）、特别讲义（各机之制造法，制机各质之锻铸检定法）、电气工学（电池发动机电动机并电灯电力各机之构造及动作）、工

机械科

场实修。至仕上工场，见诸生方执笔立而绘图。中则旋炉磨错，以及锻铸翻沙等，如职工场所见。至机械科试验室，内有五十吨强弱之试验机，旁有分寸表，盖用以试制成机械之坚否，亦犹窑业科之天秤然。

电气机械 电气机械分科。学科为电气磁气、工作法应用力学（二者与机械科生同授）、电气工学（第二学年授构造电池发电机电动机并电灯电力之应用法，第三年授电流理论电机变压器电信电话电灯电力传送电气铁道等之设置）、发动机、工场实修（内分机械实修、电气实修为二）。

电气化学 电气化学分科。学科为矿物学（与窑业生同授）、电气磁气（与电气机械分科同课）、应用化学、电气工学（第二年授电池电机电动机并电灯电力之构造及动作，第三年授发电所设计发电机变压器蓄电池之取扱法及电线布设电力分配法）、冶金学、电气化学（第二年授电镀电气冶金及电气象眼电铸电气分析第三期盐盐类酸加里及制造他药品颜料鞣革，第三年授铜金银亚铅锡等之电气冶金炭化石灰等之制造法）、工场实修（内分机械实修、化学实修）。观蓄电池、发电机，上悬“危险接近”等字。其旁列之标品，如电解漂白之瓦斯、丝、麻、藁、繿褛、木棉、磷寸及制纸原料等，电解制之各药品，以及幻灯用炭化、石灰、镀银液镀镍等药品及制器。盖是室与化学应用之实验室接近，电化二科，固宜参观互证也。而冶金并与化学共之。

建筑科。学科为应用力学（就机械科之应用力学选

32,9,23

建筑科

择授之)、建筑用材料、建筑沿革、家屋构造、卫生工学(讲求采光采温换气排水诸法及避雷柱造法,火灾预防及逃避策之配置等)、制图及意匠实修。见有以木入蒸汽煮之、以防涨缩移走者。其模型及使用机械等,与职工校中相类,惟尤较完美耳。

工业教员养成所

附设工业教员养成所,学级分本科及速成科。本科之学科,为机械、建筑、织、窑业、应用化学、工业图案。速成之学科,为金、木、染、织、陶、漆。本科三年,速成一年。本科各学科,皆适用工业学校课程,至第四年更习教育学、教授法、教育法令、英语一年,以为工业校附属之职工徒弟学校及本所附属之工业补习学校实地授业之用。各教室略一参观,因时已薄暮,生徒皆休止,仅见漆工实修室,有学生三人,犹涂漆未毕。中有腊色涂顺序标本、各种莳绘顺序标本、高等莳绘顺序标本、彩髹标本、制漆色漆标本、梨子地涂顺序标本、金属粉类标本。复有生徒实验制作品。其高等莳绘,有金类上漆、磁上漆、皮上漆、纸上漆等别。又有写真于器上,而外加薄漆一层如隔玻璃者。各品半系教员手制,半系徒弟手制。

全校建筑,及校后高十馀丈之风车、试水力、机水车、桥梁以及校中应用之器具,电信、电话、电灯等,无一非校生经营共造,无藉外求。校屋为洋式巨制,凡五层。上为斜尖式,因积重也。校前有大体操场,校外绕玉田川河。河近品川海岸,盖为运输便利,因地制宜也。远近相望,烟突林立,皆利此水道耳。即作别归。

麦酒株式会社

二十四日　早，访张伯岩君，由张招日人山崎绳次郎来，偕赴丰多摩郡之大日本麦酒株式会社观览。山崎盖业仪器机械等制作之商。即乘电车往。约二十里之远，至已晌午矣。此间僻处山麓，村居仅数家。有料理店名惠比寿者，遂偕入午餐。室殊精雅。室外有园与池，红叶黄花，掩联秋色，幽潭照影，阒寂无人，佳绝境也。盖夏时避暑者往往来此云。馔亦美洁。山崎并招麦酒社中之司机长木户龟八来，盖与社邻近也。谈次，知木户于日俄战役时，曾在海军某舰司机，遍历朝鲜、大连、吴淞、香港等地。罢战归，乃入此社云。此社创办已十九年，每日可出酒二百缸，每缸重量为八千五百立达。每年出口，运销美国、香港、上海、京津者为多，于吴淞别有贩卖店。全社资本金共五百五十万元。每年贸易所入，约九百万元。股票原价五十元，今已涨至一百八十元。全国株式之麦酒社共八所，东京府下居其四，而惟此社为最大。因劝余回国后，速为发起人，创办是业，资本有一百万已足，利益殊大也。至制酒之机，及造酒工师，日本皆足应用云。询以酿酒之法，云帝国大学之化学工业全书中，有酿造部，可资研究。余因思麦酒一项，为日本出口货之大宗。其制造之始，盖仿欧洲啤酒，然味甘不苦。吾国产酒亦多，恒患色浊不清，味浓不永，非外人所好。改良而扩充之，亦实业竞争之一乎。遂相偕往。道中见数兵士，挂平板于胸前，就板按纸，测绘地图。板有南针，纸有方格，每数十步立一人。须臾至社门。门内向左并列栈屋，内皆囤积制酒之

麦酒行业利益殊大

32,9,24

麦料，多有来自吾国者。右旁玻瓶堆积如山，制瓶厂云在横滨。中为轻便之运载铁道，直通厂屋以内。

厂门内，见诸工方以瓶纷纷入木箱。箱中实糠壳，箱外印牌号。每箱容四十八瓶。煮瓶之蒸汽巨机、汽锅满贮碱水，以无数玻瓶入水煮之，如蜂窠然。冲洗机，则仰出多数机管，套瓶管上，水由管中喷薄上冲。一人司之，随冲随易。烙印机，一人踏轮，小机中软木之塞纷纷堕出。视之已圆湛，且有印文。煮瓶之巨桶，水中满插玻瓶，下以蒸汽沸之。旁有热度表记之，以摄氏六十度为限。盖前者之汽机系洗瓶，此为验瓶之损裂与否也。入酒机，每机中通酒管，管旁出酒之口各八，下承以瓶口，分为两列。瓶间置电灯二，以照视入酒之高下。每机一人司之，手捩机括，随泄随止。其旁易瓶者一人，入软塞者一人，以亚铅片阻瓶塞者一人。瞬息装换毕，聚而别置于巨桶中，蒸去酒中之空气。漉酒机，两端各出一管，一通酒管来源，一通于入酒机机管。二管之间，各有经过之玻璃斗一。视来源斗中之酒，色浊如糊。视漉过流出之斗，清逾于水矣。由橡皮管直通于发酵室。

发酵室在地下。夹道经行，阴寒逼人，盖冰室也。每室中各置巨桶数十，盖已成之酒，在此室中，须经六十日之久也。 发酵室在地下

造冰室。登台俯视造冰池中，分为多数之方格，中各贮硷质之海水。用安质莫尼亚造之白花棱棱然四起。池旁摄氏表已在零下之七八度，盖零下五度，即结冰也。观造

冰之原动机房，有二铁轴相并，仅隔尺许。一则热不可近，一则冰凝满轴。扪之激指，亦可异矣。询以全厂机械之原动力，云蒸汽电力并用。蒸汽有七十五匹马力，电气可发一千馀盏电灯。

酿造室之别室，中有洗麦之二铜缸。制酒之麦，先入洗之。复入他室上层之铜锅中熬煮，流入下层之巨器中。分析渣滓，其麦汁则由沟中流出，入于发酵室中。

制麦室，楼分三级。上级为发芽温室及浸麦机，中级为烘机、去芽机，下级为去麦衣机，计四座。询以何故发芽，则云去麦芽后，味即不苦，故制酒之麦，必令发芽。微去两端之尖与须而已。然发芽不可太过，太过则无味。法先以麦浸水七日，入温室发之，然后烘之，使不复发。视其去芽之机，但由一端倾入，一端之麦与芽，已分道歧出。去麦衣之机亦然。楼旁壁间，启一玻窗。窗外为验视晴雨之室。临窗观之，见有气如雾，直注于下。盖晴则有气下注，阴则绝无也。可于十二时前预知之。

制酒之麦先令发芽

厂外对阜湫一大池，询之云即厂中制酒之回漕水道。由池接水管，上通厂中之水台。凡暑天则起水务高，寒则渐低。由水台中沥沙出之，以为用也。厂外近接河川，以时启闭，引之于池。是厂远离京市之故，盖因就水耳。后为游散园亭，绕以荆栏。俯视栏外，则土阜之下，山阳铁道之轨路在焉。木户君复邀入他室，出酒饮之，佐以洋食，意殷殷也。相与畅谈良久，作别归寓。

二十五日　早，有南宇兵卫来，同往下谷区二长町一

32,9,25

凸版印刷合资会社

番地凸版印刷合资会社，晤社长河合辰太郎、副社长木村延吉、支配人伊藤贵志、副支配人保坂京三郎诸君畅谈。盖此社始于明治三十三年合资设立，其初资本仅四万一千元，专以铜凸版、铜钢凸版印刷各件，如银币、股票、印纸、邮票、商标及其他券状书画等。社系政府特允，凡印以上各件，除政府及此社外，他印刷业皆不能代印。创办至今仅六年，已积资二十九万馀元。全社敷地已扩至一千一百六十二坪，馀建物扩至一千六十六坪馀，社中事务员十三人，工务员三十九人，男女工役五百馀名。因出其各种样本观览。内有新铸之软体汉字真书，字甚齐整，计一二三四五号，各有四千馀字数。盖以备小学堂教科书之用，免以宋体混目也。余深善其用意，惟字中破体甚多。余嘱其延聘吾国之善画者，加意改良。渠等大感服，浼为介绍焉。因先导观凸版部。有德国凸版机六座，一时可印二千馀张，价自三千五百元至四千元。活版部有最大机一座，系美国制，价洋一万五千元。又有印三色商标之凸版小机，亦系德制，价二千元。其他若铜版石版，无特异者。惟内有小形各机，皆系日本自制。至凹版部，仅见凹版小机五座，系用人力者，适皆停工。犹有大机二座，附属机二座云。其凸版印刷之特色，能于纸面作浮起之花纹，细入毫厘。凹版所印，即邮票印花等类之版耳。而纸币股份票等，有用凹凸版二种相加者，有用凹凸及石版三种相加者，纸中复有暗纹。精密如此，作伪难矣。复略观其写真部、雕刻部、整版部、研场等处。计全社印刷各机

政府特允

共五十一座，其他各机四十二座，其原动力有用电气，有用瓦斯，合共有六十一匹马力。其小形各机及原版雕刻制版截纸各机，皆用人力。统计全社印刷物，每日十时间，可出五十万枚云。其工人男女大小工价，自极少每日二角起，至极多八角止。遂作别归寓。

山西留学法政孙葆之太守来，适他出，未晤。午后谢康伯来，云井口君有函，并附音乐演奏会入场券二纸，嘱偕赴会中。因入场券偶失，遍觅不得，遂未能往。傍晚史屺望来，偕赴九段劝业场。场中陈列各品，较东明馆略多，而尤以肖真制花，为最可喜。

江川筑地二活版所

二十六日　早九时，山田政雄来，盖预约于今日往观江川筑地二活版所也。因先至江川活版制造所，晤其支配人中野光吉。江川系独力创办，垂十六年。初入资本，仅数万金，今已增至十馀万。其营业部在京桥区长谷川町，铁工部在传马丁，于仙台有支店，于朝鲜有分工场。出其活字样本数册相示，真行草隶、和洋各文皆备。并有自制各机械售品图，如大小各新式活版印机、活字铸造机、纸型、铅版流込机、干缔机、新式车附、纸纬机、新式诸纸切断机、罫线引机等。遂导观营业部各机。其铸字手摇机最灵捷。上置铜模贮熔铅，下爇炭以手摇之，则斜侧板中，字陆续出矣。其新式之印刷巨机，云广东采办员曾购两座，价洋共一万四五千元。复由中野偕至铁工部观览，见新造之各印字大机，方一一装置配合之。遂晤其所主江川次之进氏，皤然皓发矣。其铁工部主任江川丰策亦出

32,9,26

见，坐谈良久，赠样本甚多，嘱回国后代为延揽。意殷殷也。 嘱回国后代为延揽

出偕山田君午餐后，复往筑地活版制造所，晤中村太八君。所系株式会社，资本金二十万元，社地八百四十四坪，建筑为十一栋，工场共分二十二所，职工男女六百五十人，男工价平均一日十时间五十钱，女工二十钱。社长一人，支配一人，取缔三人，重役五人，监查一人，干事员三十三人，月薪自百八十元至十五元。室中名誉赏牌最多，自第一回至第五回内国劝业博览会，皆有名誉金银等牌，有“有功赏”、“进步赏”、“协赞赏”等字样。于印刷部中，见有德制之直印机，系以版盘直立，而组合印刷之。其色肉滚轴自下而上，可印三色。机轴灵捷，不占地坪。价二千五百元。大机一，系美国制，价三千六百元。铸字室，如江川所见之机共七十座，每座十时间可出字四千枚。登楼，则各工人人据一案，一瓦斯灯，植字、撰文、解版，各分别执事。有执笔凝思者，有相互参商者，盖集字与校对之类耳。别有西文真行各类。其贮铅字之罫巢，系作敧斜之抽屉，屉外书某某字，取字时略一抽出可矣。花边则别贮一室，有样本二巨册，新式之花边，方日出无穷也。又登最上之楼，为餐室。室殊宏敞，平列食案，约容五六百人。四壁皆悬外国及本国各名人肖像，盖皆与此社有关系者。中有社中创始人故本木昌造之遗像。室旁一龛中，亦悬是像。旁则遍悬名誉赏牌，及本社铜铅电石角木诸凹凸活字成绩标本，大小不一，排列占三四丈 各种名誉赏牌甚多

之地，殆皆本木创业之效也。复有徒弟教室，为附属之学校。有生徒八十人，年皆十岁至十二岁。延聘教员教授。盖助贫民之无力。每日有六时半之教育，馀则令兼习工作。以商社而附教室，在日本亦罕见者。下楼复观制版纸机。先以铅字排校，后以纸版覆字上，毛帚捶之。俟字迹清晰后，入铜制之铅流込机熔铅灌之，遂成极清晰之铅版矣。全社大机械，德制者一座，米制者二座，馀皆日本自制，其他各小机购自英美者甚多。

适天已雨，遂辞归。是晚十一时地震甚，几榻皆摇。片时即止。

二十七日　早七时，往西ケ原视察蚕业讲习所。是日阴雨甚，冒雨往。西ケ原过巢鸭而北，道殊辽远，呼人力车行良久始至。此行盖亦多田君之介绍，嘱其友人吉田三造君先至彼处引观也。吉田三造者，系明治三十三年卒业于农科大学，现在东京府任职。至蚕业讲习所时，吉田君已先在。于应接室中见有二比例表，一为历年输出蚕丝织物表，仅举其始末二条如下：

蚕业讲习所

明治元年丝输出一千五百万元

蚕丝类绢织物一千一百万元

明治三十七年丝输出三亿二千万元

蚕丝类绢织物一亿四千一百万元

自元年至三十七年，其丝输出进步，年年增加，至三十馀倍之多，亦可惊矣。其一为各国生丝产额表，照录如下：

西欧：

32,9,27

法兰西六十万基

意大利三百八十万基

西班牙九万八千基

奥匈三十二万基

东欧及中亚洲：

阿辣托利阿四十七万基

西里亚四十八万基

勃尔加里十万基（塞尔维罗马尼）

希腊七万二千基

高加索四十万基　　以上生产数

波斯土耳其斯坦四十一万基

亚洲：

上海四百六十万基

广东二百二十四万基

日本横滨四百四十万基

印度三十万基　　以上输出数

上系五年中调查之平均数。以日本土地之小，何足与吾国较？乃仅就其横滨出口之数，与吾国合江浙两省之力而灌输于上海者，相去不过二十万基耳，然犹年进而无已。吾国商品仅恃丝茶，对此能无愧色？案上有蚕室模型，屋上覆草，木栅为窗，中悬芦帘。因询以本所学科，则分养蚕与制丝为二部，二部中又各分讲义与实习。其养蚕讲习科，分本科男生六十名，三年卒业；别科男生六十名，六个月卒业。其制丝讲习部，分本科男生六十名，三年卒

该校学生不取学费

业；女生二十名，二年卒业；别科女生四十名以内，十个月卒业。入校者皆不取学费，仅收膳宿费五元馀耳。男女学生皆宿校中之寄宿舍。入学之资格，入本科须有中学卒业之程度，入别科须有寻常小学卒业之程度。别有研究科，为学科既毕、更愿留所研究者而设，定员养蚕讲习科十名，制丝讲习科二十名，男生限六个月以上、二年以内，女生一年以内，并定特别优待章程。每年收吾国生徒四名以为限，他国则否云。然此所卒业不给文凭，盖吾国蚕桑苟能研究，足冠地球，彼侪恒引为遗憾也。现吾国之在校习养蚕者四名、习制丝者二名。先由吉田君导观各标品室。

中国学生四名为限

养蚕标品室。害虫及蚕蛾类标本、桑树害虫、害菌模型、蚕经过发育各标本、蚕种类标本、蚕茧标本。中以本国及吾国茧为多。吾国所产之大圆头及下木村二种，为最上品，他若新昌龙角等亦佳。共有三十种。他如意大利产、法兰西产、欧洲各国产及韩国产等。大约欧洲产茧，类作粉红色。日本所产，皆束腰式。而尤以韩产为最小而劣。实皆不及吾国茧质之完美也。又有桑皮所制之美浓纸标本，分白黑二种；种桑野桑各标本，蚕营茧放大模型等。其制丝标品室，则陈列各种色丝，有春柞秋柞二种，色焦黄；柘、乞食、伊、佛，各种均淡黄。就中吾国大圆头茧所制之丝，光彩夺目。消毒标品室，所用消毒药物，如石灰、铜铁、盐，及各磷矿质等，所用消毒器械，如蒸馏水消毒器、蒸发器、喷雾器及各种机械，盖皆以治桑

各国之蚕皆不及我茧质完美

32,9,27

者。并有病蚕放大、蚕蛆经过、蚕体解剖各模型。其线织物标品室，有宽甸、盖平、海城、金州、复州等地所制之各色丝线，类皆粗劣。他若韩国之茧丝织物，亦无足异。其制丝成绩室，盖皆各年级生所手制者，高下排列，各标志诸生之名。见吾国留学生中，有邓振瀛、陈耀西、邱中馨、潘志憘等名。因时已晌午，即在校午饭。

午后，复由校中留学生潘志憘君，遍引观之。潘君吴县人，为霨如中丞之犹子，在校已年馀，系专习制丝。吾国在校学生六人中，现在此者，广东、福建各一人，湖南一人，及潘耳。

育蚕室。数处皆空无所有，因适非育蚕之时也。室中上通空气，下铺草荐，中悬芦帘，帘外有窗，掘地为长方形之坎。盖育蚕时置火取温者。蚕种贮藏室。帘垂至地，内植木架数事，上则遍悬蚕纸。蚕纸皆印方格，每纸二十八格，每格系一蛾之子，每行五列。第一列种类，第二列名称，第三列番号，第四列产卵，第五列校名。贮桑室分为二级，上级系调桑室，有切桑、拣桑、布桑等器，下为贮桑室，砌石成方坎，由上室历阶而下者。

至实习室，晤技师石居一郎君。君盖讲习科之教员也。登楼见验丝机械表，中画分寸。盖以丝之两端，夹于机中，伸丝令长，而视其粘力之强弱者。其器械检查室中，诸初级女生方共习绞丝，教员教之。绞丝之法，壁植一钩，以丝挽于钩上，别执二箸，入丝之此端，右绕数次，而齐丝之两端，合而为一。绞后丝益有光。盖购丝者 绞丝之法最为紧要见光彩炫目，益觉优美也。故绞丝法最为紧要。不善绞者，丝良而色黯，即重绞亦无益矣。初级女生，半为绞丝，半为选茧。其选茧者各就低平之案列坐，选茧之洁净与否者，分为上中下三等。其肉眼检查室，四壁皆黑，仅一面透光，中复悬黑布。有一机为黑地六角之轮，中贯以轴，盖绕数种丝于轮上，就黑室中一面之光，辨视而比较之，以分丝色之等级者。其分茧机，系铁条制成圆桶形，中实以茧。机轴摇之，大者留而小者落。其去绵机形如扇糠之笼，以茧入上口出下口，则茧外浮绒净去而光洁矣。下楼，各生已均上课实习缫丝，两旁列缫丝器数十座，机上镌文曰："纤纤蚕丝，国之富源。"又曰："络交贵律丝贵精。"又曰："机正意正而丝亦正。"甚有古人器物铭词遗意。人据一机，机中煮茧。有自动者，有足踏手摇者。其自动者系大机，缫出后直接上轴。而手摇之小机，须经两度轮轴也。然制亦灵巧，系几经改良者。小者价四五元，大者十二元。旁悬缫丝成绩表，盖每月每日能出丝十四个代尼奴者为最。又同功茧，吾国向为弃物，而日人则能缫之出丝云。至日本丝质性硬，究不若吾国。且多束腰式，缫之既缓而费工。惟其制造之法胜于吾国，销路因以扩张也。

茧分三等

我之弃物彼能缫丝

出至箕置场。室中列木质小机十馀座，形如吾国纺棉机然。然大小轮轴有四，仅以足踏而轮齿相衔，丝由轴中提拔出矣。盖同功茧之无用者，入此机后，仍可出丝，但能用以制线耳。此机云亦能纺棉。过桑畦，凡本国外国各

32,9,27

处所产之桑，皆遍植其间，分志名目于小牌以为别。经育蚕室，见诸生有席地结网者。盖蚕已长育时，粪秽狼藉，易生菌病。以网悬隔之，秽皆落下矣。观霉菌器消毒室，凡育蚕器具、或虑有霉菌传染于蚕，则以器闭置此室中。别通小管传热气入室内，以热至百二十度，经三十分时为限。至烘茧室，室外筑炉爇石炭，通于室下，室中并列各铁架，架上置茧。架下有轮衔铁轨，可任意推移，入于爇火之室。室中复装汽管，以出湿蒸之气。惜今非饲蚕期，除缫丝制丝外，他皆无可观者。遂出。

农事试验场

至农事试验场。场在蚕业讲习所之左，仍由吉田三造君，介绍场中技师大工原银太郎相晤，入应接室。室中有试验弹力之机，可以纸条衔接机之两端，以轮绞曳之，视纸断时表针加于何度。盖用稻草或麻棋，试验弹力，以验培种所得之成效。其他农作用饲畜料、贮藏室之雏形，与压榨各机雏形、自动天秤，则检验植物叶面蒸发气之重量者。场中惟农学士及农科卒业生到此试验耳。因由大工君导观各标品室。

病菌室

病菌室。有粟米发病、变形穗、穗病、烟草枯病、果病、斑点病、莓菌、油菜病菌等绘图及标本，复有种菌药标品之说明绘图。烟草室，则玻璃匣中，遍列内国外国各种烟叶之标本，及制成之各种雪茄、纸卷、烟叶发酵形、干燥试验所成之叶、肥料试验所成之叶及各地产业之比较、干燥温度表之说明。其他薄叶厚叶、过熟叶、普通成熟叶，一一胪列。盖烟草为日本出口货之大宗。其研究种植，如苗床之构造，与肥料播种之时期与重量，以及移植摘蕊、干燥法，皆斟酌不遗馀力。今更有土耳古种烟草之良制云。肥料室，则各种类可大别为三：一、动物肥料，二、植物肥料，三、矿物肥料。观其表面知各料中所含，不外磷酸、窒素、加里三种，如动物质之鱼肥类，窒素多而磷酸少，为二与一之比；粪类，则人粪纯系窒素；鸡粪窒素少磷酸多，亦二与一之比；骨血肉类，皆窒素少磷酸多，为三与一之比；如植物质之油粕类，窒素多、磷酸少，为二与一之比；酱油烧酒诸粕，纯系窒素；米糠则窒素二·〇八，磷酸三·七一；如矿物质之肥料，有有窒素、磷酸而无加里，有有窒素而无磷酸、加里，及有加里而无窒素，磷酸者（加里肥料如硫酸、炭酸及木灰、稿灰等），则当用调合法，所谓人造肥料、完全肥料、调和肥料，各名目是也。肥料所用，类皆不外此三者。惟日本昔年以鱼为大宗，继用豆菜棉各油粕，多由吾国输入者。近则人造肥料，日渐增进，惟尚无精确之表示耳。种植成绩室，有各地大麦、小麦、水稻、秀、穗诸标本，并悬肥料三要素适宜之比例表、气候之差异表、市价与米质之关系表、干田烧土湿田各表、吸收蒸发表、移植表、日照时间之多少及作稻之影响表。其种类改良法，一名人工媒助法，合父种母种而别成一种，盖去短取长也。或辨性质，或依土宜，或审天时，各分青红绿黄诸色线标志之，一览无遗。其害虫除菌器陈列室，用玻璃为圆式之橱，中分层叠与界格，胪列各虫，如寄生蜂、介壳虫、浮尘子、蔬米

土耳古（土耳其）

种类改良法

32,9,27

害虫、稻麦害虫、蚕桑果实各害虫，均分类标志虫名，壁悬浮尘子驱除之图及驱螟图等。他如螟虫二化三化各放大模型，或食叶、或食苗、或食根、宿根卵蛹化成诸放大模型，以及稻热病、叶枯病、麦黑穗病、立枯病、赤涩斑叶病，或为虫害，或为病菌，一一揭示，俾筹救治。复有制成之各种驱除器，如脊囊形唧筒、注射驱除器、喷雾器、诱蛾灯、害虫帚、插舟株掘器。而除虫药剂之所需者，为石油、除虫菊、原油、轻油、鲸油、菜种油、杀虫油、健稻液、青酸加里等，或用喷射，或以熏蒸，各就品类气候之适宜，以为化合之分量。又培养室扶斯病菌，混麦粉以饵野鼠杀之，最有效云。各种病虫害标本

其化学部试验室中，见多人各据化分器械之台座，瓶盎罗列，爇火沸液于其中。或试培养病菌法，或分析肥料之窒素、磷酸、加里等原质，或测验土壤，有干燥器、水分定量器等。

其土性部试验场，皆手种各植物，及分析各种土质，由此而实地试验其成绩者。时适雨，冒雨往观之，则全场约十馀亩，种植殆遍。中有玻璃室，列各盆于四轮车上，共三十馀车。车乘铁轨，分三道直入室中。盖可视燥湿阴晴任意出入者。视盆中或已发芽，或尚未见，皆分类标志，某为砂耕法，某为燔土法，某为某植物等。每盆各有玻璃管一，插入土中，盖以施灌溉者。土性部试验场

农事至此，可以无憾矣。夫食为民命所系。彼国以绩学之士，用科学深邃之理，以攻究之；吾国乃委之乡愚。

不厌精详以求改良

彼国几经试验，不厌精详以求改良；吾国乃一仍旧法。彼国地多瘠薄，而今则阡陌成行；吾国以重农之国，而今多芜秽不治。于是出产终不能逾于常格，水旱偏灾，惟仰给于移民赈粟，亦幸哉！地大物博之或可慰情也。

询以国中如此场所共有几何，云本场之外有三支场，一为九州支场，二为畿内支场，三为陆羽之场。并言本场共分九部，如种艺部、烟草部、化学部、土性部、病理部、昆虫部、制茶部、饲畜部、园艺部。九部中园艺在东海道兴津驿，病理、昆虫在九州支场，种艺在畿内支场，饲畜在陆羽支场云。因天雨日暮，场中烟草部、制茶部不及往观。即兴辞。偕吉田三造君等，登飞鸟山。山虽不高，而林木葱蔚，中有威仁亲王书明治三十七八年战征纪念碑字。其他碑碣，不及详视，即下山。登王子至上野之汽车至上野，易电车分道回寓，至已七时矣。

二十八日　午后，谢康伯及山田政雄来，偕出往观石硷制造工场二处。皆因停工，未能入视。山田君归，余即偕康伯等往游上野公园之美术协会。购券入，始知会中美术，惟绘画而已。夹道遍悬各图，每幅约长四五尺，阔约二尺馀，装以木框。有卖品，有非卖品。见有绘一美人而得褒状二三等者，或绘一极呆拙之执柳观音，而价至一百五十元。又有古衣冠文武人物及佛像达摩寿星等，率皆朱碧鲜明，而绝无神采。视其价亦皆数十元百元不等。见《菅公诀别图》、《楠公诀别图》及《楠公少年故事》，绘事虽不佳，其或意存激劝乎。所仿绘吾国之山水，凡青绿

美术协会

32,9,28

重叠，勾勒棱棱，及烟云迷漫，数笔可了事者，则皆列为上品。然亦有绝佳者，如《春雨图》，绘雨中杨柳，直能绘出雨丝，逼真春景。《秋思图》，则绘一美女，昂首凝眸，无聊中手弄柔条，盘绕腕上，非徒绘画，竟能绘意矣。其斗雀、秧鸡、群凫、草虫，以及花卉类之百合，牵牛，又秋景之红叶、美人之晚凉等，则均维妙维肖。他若留存古画之《森兰丸忠战图》、光弘前九年《合战图》，笔墨虽恶劣，然实遗物也。别有光琳置上菊花团扇面四枚，系以象牙雕刻之，菊花凸出板上。今之漆制刻屏，盖以是为嚆矢。又有各种之绘事扇面，类皆金碧焜煌，无足观者。遂出。室旁有小园一，中排列各种之小品盆栽，如小松小柏小枫小菊等，根干枝叶，色色皆小。然孪拳屈曲，具体而微，花叶磬折，各有姿势。甚至细根微露，细草覆苔，无不纯任自然。其装点之小石，亦皆空灵活泼。以是叹物贵美备，小而完全，胜于大而欠缺。又以是知事贵经营，小而布置得宜，胜于大而芜杂无序。观其每种之下，皆标价目，自十钱以至七八元不等。呜呼！苟有特色，声誉随之，而品格因以骤高。于物有然，于人于国，何莫不然？至园口，有美术之摄影缩本可购取。因检数种遂归。

二十九日　凌晨四时，天尚未曙，全寓鼎沸。惊醒起视，始知旅馆对门质店失慎，火光融融矣。幸旋即救灭，仅波及邻居一二椽耳。八时山田政雄来，遂偕出遍观各校。

幼稚园

三崎幼稚园。男女幼生共二十二人，女教员一人。方按琴和歌，诸儿咸绕短案列坐。唱歌毕，即绕案行。无甚异者。

一桥幼稚园。男女幼生共百人，女教员二人，保姆七人。每日教授，自午前九时至午后二时止。学科为谈话、行仪、手技、唱歌、游戏等。保育费每月一元，玩具费每月自五十钱至一元。教授分内外为二室。惟时外室为唱歌，分三列绕成半月形围坐。歌时或捧额，或举手，或戟指，皆有意兴。歌毕，导之鱼贯行入内室。一时喧骚跳跃，室为之震。视内室黑板，满画方格，界以斜线。诸儿旋就坐，由保姆授以折纸。他无足异。

女子职业学校

私立共立女子职业学校。亦在一桥通町，由校中干事淀三树太郎导观。本校课程，分为术科、学科二纲。术课所授，为裁缝、编物、刺绣、造花、图画五者，而外加割烹。学科所授，为修身、国语、算术、家事、理科、体操六者。学级分为甲乙二科。甲科生限习二科，三年卒业；乙科生限习一科，二年卒业。凡一生而并习术科学科者为本科生，仅习术科者为撰科。复设补习科，甲生年龄十二以上，乙生十五以上，皆须有高等小学卒业之程度者考入之。学费：甲生二十七元，乙生二十一元。校内有寄宿舍，月纳舍费七元。术科生之制作品卖出后以纯利半额给生徒，而代存于邮便为替贮金所。利子积加，于卒业时任其支取。制作品之材料书籍，均生徒自备，惟裁缝料由校中给与。于造花科，复置别科生三十名，年龄十二以上、

32,9,29

三十以下，三年卒业。制作品亦分与纯利，但在校不得制私用之花。其割烹系习和洋烹调法。学科为每周一回，四时间之实习，又二时间之讲义。学费：二者并修月纳一元；但为实习，月纳八十钱；但听讲义，月纳六十钱。观裁缝教室，拈针熨斗，所制孩衣女衣为多。编物教室，凡衣服附属品制饰品为多。刺绣教室，则各凭低矮木架，为平绣、缀绣、金绣等。造花教室，则碎绢布为各花瓣，染以深浅各色，缀胶于蒂。花瓣有模，并有盆栽及图画为临本。图画教室，分水彩画、用器画、肖像画，及其他应用工艺品等，亦皆据本临摹。成绩室，则各生手制之各科物品上悬叠受米佛各国及内国各博览会之褒状赏牌，而以三十七年圣路易万国博览会，为最受优赏。校长协赞等均得金牌云。

午后至东洋女艺学校，由干事麻生武龟导观。校规大致与职业同，惟学科为裁缝、刺绣、造花三科，内兼习各科学。学级为预科一年、本科二年、高等科一年、专修科二年、速成科六个月，略与前异。且此间吾国留学女子为多。现虽仅有一浙江秀水赵生之耀，系习专门之刺绣兼习图画，而卒业回国者已十二人。阅名簿，有荆州之朱秀、馀姚之阮绮芳、东台之吴澄冰、江陵之曾尚武、张镜、陈祖绥、赵青鹤等名。观造花室，亦有花卉盆栽之标本，粘瓣、着色、熨贴等，均与职业校中无异。略观裁缝室，登楼，有讲堂一，中列音乐各器。旁为寄宿舍，皆席地而居之和式。刺绣室中有七人，而赵生适至，因相见。询知昔

东洋女艺学校

在明治经纬肄业者，能日语，年近二十。入此校习专门，须二年卒业。学费每月一元五十钱。自居下宿。并言日本刺绣之胜于中国，以能肖真耳。赵君举止大方，天足和装，为湖北留学生监督李宝巽君介绍入校。至事务室，见各生之手制品，为刺绣之品川夜景，月色暗淡中，渔舟布网，灯火斜映波心，俨如真景。盖二年生所制也。别有绸制之大小二鹤，毛羽棱棱如生，旁缀一梅一松，亦系绸制，皆疏落有致。凡校生所制之衣服刺绣等件，各有写真片数纸。其他均与职业学校同。

产婆学校

产婆学校中，晤其教授水源渐君，校内女生共三十七人，适在讲堂授正规分娩之经过。黑板书“第一期关之期、第二期产出期、第三期后产期”，而旁以粉绘子宫胞胎形，口讲而指示之。教室之左隅，有人体骨骼全具，置于玻璃匣中。旁有产床模型，上悬人体生理各图片。学生咸席地坐，问难甚多。其学科分解剖学、生理学、产婆学及实地演习四种。产婆学中如寻常妊娠、分娩、产蓐、取法、诊法及异常各经历、产婆婴儿疾病之施疗法；实地演习，分产科模型演习及临床实验等。

银行事务员养成所

银行事务员养成所。男女生三十馀人，所长黑岩规君即兼教员。见其据算本逐一报数，令诸生同时速算毕，由一生报其所得之数，与原本符者群呼和之，不符者由他生更报数。男生之教科：一、银行簿记，二、珠算，三、银行事务取扱方；女生之教科：一、家计簿记，二、银行簿记，三、珠算，四、金钱取扱方。其男生卒业期：甲、速

32,9,29

成二个月，乙、四个月，丙、八个月，丁、十个月；女生甲、五个月，乙、丙，十个月，丁、三个月。试验不合格者续修。甲、月修八元，乙、四元，丙、二元，丁、一元五十钱。女生甲、二元十钱，丙、一元，丁、三元五十钱。以丁为最长期。吾国留学生有于此习速成三个月者，中国留学生速成者
一为张鸿藻，一为王璟芳。是等学所，类如吾国之私塾然。簿记专门，应用殊大。吾国银行逐渐兴办，有志者宜自储备也。阅毕遂归。

七时，往访吉田君晤谈。意殊诚恳，并赠蚕业讲习所影片数枚。良久天雨始归。

十月

初一日　九时，赴递信省，晤参事官兼递信书记官二 递信省
上兵治君。二上君意殊诚恳，谈次及吾国电报事，深为感叹。谓邮电为交通必要之总机关，国小而此机关不完全尚无碍，国大则东西暌隔、南北乖舛，阻力太多，于输灌文明殊形扞格。中国邮电举办已久，近又设立邮传部，洵系切要。惟凡一举措，不在空言而在实行，深冀后此之扩充改良焉。并云东京邮便，犹有进步，然尚日日会议以图改良。又日本昔办电报电话时，亦用米国人。中国倘借材于异地，东与西一也。然西人价昂，东人价廉，经济既便，兼系邻国。倘有所需，当为荐举也。因书介绍函数纸，以便参观邮电之用。遂辞出。盖邮、电二部均在东京邮便

局，电话别有专局，递信省但总其成也。兹将递信省所属

递信省官 各官，列表如下：

递信省 大臣 次臣
- 本衙所属
  - 监察课课长……
    - 参事官
    - 书记官　各官
    - 递信属
  - 秘书课课长……递信属　各官
  - 文书课课长……
    - 参事官
    - 书记官　各官
    - 递信属
  - 参事官……
    - 书记官　各官
    - 秘书官
- 外属
  - 经理局　海事局
  - 通信局　航路标识管理所
  - 铁道局　海事审判所
  - 管船局　邮便为替贮金管理所
  - 铁道作业局　商船学校
  - 电信灯台用品制造所

商品陈列馆 午后至农商务省之商品陈列馆。屋皆西式巨制，入门为工业部。本国之绢织物及法、英之绢织物，两两并列，有纹绢缥等名目。次为毛织物亦然。其本国制屏之绣织均精美。旁悬“禁模写”等字样。登楼见悬有浪花之帘，

独即独逸（德国）丁抹（丹麦） 盖仿西制而更加改良者，有直纹横纹曲纹各式。其欧洲妇人室，陈设均极富丽，斗室中几案榻椅，位置井井。次为化学工业之陶磁科，先列独英法奥米丁抹和兰瑞典诸国精

32,10,1

制之磁，次列本国粟田烧七宝品，及其他各地精品，与内国外国各玻璃器皿。又次为涂物科，皆漆物也。有漆工诸标本意匠参考品等，皆内国最精美之工作。别一室中，为印度人所制之铜器、磁器、灯、玻璃器、席、腰缠、帽等。次为本国酿造品，及大阪各制品，与输出价格表。化学制品，则绘色、染料、纸及制纸料，以及零星杂品等不胜记。其工作品，如内国各种之粗细草帽辫及其他手编手制之纤巧诸品。其音乐器，则大小风琴筝琶箫管等，合古今东西各制皆备。他如团扇折扇襟饰化妆品与玩具等，有外国制本国制。又有香水及精致玻璃器，香水奥地利产者多，玻璃白耳义制者胜。时计及真玳瑁器制玳瑁器，多本国产。有西洋室内通话器，及金属之刀剑、仿古铜皿，农作工作等器。手工之藤桌椅等有加色漆者。金属中有铸李文忠面像一、与黑种人面像一并立者。旁为亚铅各器。又一室中，为米国桑港罐头食物，荷造及包装参考品，竹木材料制造饮食品，外征军队粮食。其最可留意者，则出口货物之制茶比较表是也。因摘要录之：

白耳义（比利时）

五年间输入北米加拿大制茶比较表

甲	日本茶	44000000
乙	清国红茶	16000000
丙	清国绿茶	16000000
丁	印度锡兰茶	6000000
戊	台湾乌龙茶	15000000

日本产茶销于美洲远超我国

视此，则日本产茶之销于美洲者，超过吾国远甚。况仅以台湾之乌龙，已足敌吾国运销之半矣。其各地茶、茧、麦粉、羊毛、烟草，与米制黄色花纹之壁纸，皆胪列满架，盖资参考改良者。又一室为荷兰领印度物品室，则涂料、烟草、咖啡等，至清韩贸易参考室，中为清、韩出产品，旁为吾国妇人之镜台、红漆木箱，中为商品，如吾国之信纸（多吉利语及红色）、铜锡器、粗花磁器、宜兴窑器、绸缎绫绉棉织物、汉口布、苏松扣布、花洋布、景泰蓝、水烟袋、嗽盂、嵌螺甸烟盘及烟具，惟福建漆物稍佳，然较日本之漆物则觉呆拙矣。他若食料、香料、药料、颜料、烟、女用油料及花朵之玻璃水泡等，妇人之镜匣箱笼、绸绢夏布，而尤以色布、彩带、纸张、影片为多。又有中国产丝与棉，及韩国产棉，类皆黑黯无色。岂故以劣者陈列之，示其鄙夷不屑之心？抑虑其国人之消费购买耶？旁绕列各物，则皆日本产，上书向清、韩输入字样。如输入吾国者，多系巾、伞、汗衫、蛋白质烟嘴、要器、皮袍、袜、拖鞋、牙粉、香水、肥皂、玻璃器，输入韩国者，多系棉布、影片等。两两参观，盖令彼工商制贩以各投所好也。出至玻璃品室，有英法奥意美各国产，皆前年于利荣寿博览会购入者。又有法国织物，本国外国各漆物，铅笔铅质，及全国煤矿各质，横滨制酒，海物昆布等。复入图书商品目录阅览室略视之。中堆积各报及书目，两旁书柜中各书咸备。见有《农商务省统计表》及《工艺品意匠之沿革》、《日本森林树木图谱》三书，他日当往购之。遂归。

清韩贸易参考室

32,10,1

晚九时，往访涩谷元良君，与之作长夜谈。涩谷言中国教育之前途，袁慰帅主禁学速成，黄提学主速成晚成两两奖励，惟教育改善之时代，以前者为得策，教育普及之时代，以后者为有益。询以日本现聘外国教员及工厂人员多否？月俸几何？云聘外人为教员者，如帝国大学专门之学，他皆偏重于语言耳，俸自五百元至五千元。工厂虽不得知，然约不聘，盖制造近已发达。如昨日横须贺军舰于萨摩举行进水式，为世界有数之巨舰。因出报章相示，始知昨日此舰，为有名之伊东工厂所造，容一万九千馀吨。届时天皇临幸观之，职工家族五千馀人及其他三万馀人皆来观。斋藤海军大臣，上村横须贺镇守府司令长官，及伊东工厂长悉至。停车场混杂不堪容足。摄影之片，每次必千馀枚售出云。至十一时始归。

初二日　九时，至东京邮便局，晤井田泰知君，与谈电报法规事。盖东京邮便局者，分电信邮便为二纲。日本电信皆附属于邮便，较吾国之歧而为二者，事既统一，人亦便之。而电费价廉，凡市区町村以内之电，每和文片假名十五字以内取金十钱，欧文十五钱，外埠和文片假名十五字以内，一律取金二十钱，欧文二十五钱。凡十五字外，每加五字以内，本埠增收三钱，外埠增收五钱。不若吾国之每字若干某处若干，节节增加也。吾国电报之不发达，其原因皆在于此。邮便电信既系一致，邮政之票，无间远近，则电报固宜一律也。而其立法之尤公允者。凡电报到达迟延，已逾一定限时者，准于六十日内收回报费。

东京邮便电信局

又报生照校错误依寻问电报例，查系电局之过，一面报知受信人，一面退还报费。又未经发报之前，倘发信人请求停发，所付报费，一切退还。其他预存往复报费之馀金，及失误、过纳、误纳之报费等，均有应还之责。但所还皆系电票。而其帝国议会裁可之电信法中，凡以不正之手段、于电信电话免纳料金者，处罚百金；从事于局中者为之，加一等治罪。吾国电局中最无规则。七八年前于僻省之电局中，见有用私制大秤，秤入报费银两者。依正当而退还，恐断无此公德也。要之是皆无专属之法故耳。日本无论各局所，皆特定有专属之法，是最可师者。他如受信电报，于电信某时到达，还告发电者；追尾电报，因受信人行止不定，依所指之地，逐次追送之；再送电报，因受电者居所迁移，于七十二时间可为再送；同文电报，凡同等文字，须分送数通者，于原金外每通和文加收十钱、欧文十五钱，他皆略加资费耳；留存电报，令加留存符号，使留于所致之局，任受信者自取。其便利如此。遂由井田导观电信各部。

日本局所皆有专属之法

值班生每日分四班

全局职员生徒共四百馀人。值报生每日分为四班，第一班自午前四时三十分至九时，第二班自九时至午后四时，第三班自四时至十时，第四班自十时至四时三十分为特别夜班。其人数第一班百人，第二班二百人，第三班无定，第四班仅三十馀人耳。盖发电时有繁简也。办事与值报时间，平均每人每日须八时。盖昔年曾令以长时间办事，因于脑力过伤，妨害卫生，故减缩时间也。报生年

32,10,2

龄，统限十五岁至二十五六岁，薪工自极少十元、至极多六七十元。其程度须寻常小学卒业，更入通信练习生养成所学习四个月，或在邮便电信学校一年卒业（昔系二年今改一年），盖养成高等知识与语言，备与西人交接也。其电信价目，平时一律，惟午后六时至十时间，价稍昂。

局分八部各以地别

局中共分八部，自第一至第六部，每部管理者三人；馀二部，一为外信部，一为寻常部。八部之上，复有总管理一人，可支配此八部。历观所分各部，盖以地为别耳，如北海道部，专司北海道电事。每部中电机约三四十座，而以大阪为最多。由幼生传递电纸，每案置电机二，二人坐司之。其电报多处，或每机三五人聚而接替。计每人每日须发电四五百纸。初至之生，发电恒缓，熟则甚速。询以全国中约距离若干里地设一局，云皆附属于邮便，视通信之多寡，平均计之，盖日本四五里必有一局也。每局于电信部执事员，以四人为多，最简单者至仅二人。凡外局电机损坏者可自修，或简单之局不能自修，则别由一机线报知修理处嘱往修理之。询以本局送电人数，云寻常共用三十馀人，或紧要时至役四五百人。现因电车发达，往还迅疾，送电者可渐减少。其接收处自楼上巨圆筒中，设一辘轳，绳之两端，悬革囊以上下之。一人接收未发之电，置一木盘中，旁一人复分置于六方盘，由幼生数人分赍而送于六部。发毕，仍由幼生持至盖印处捺印毕，投别一圆筒下。其通过本局之电信，但将彼线之针，移塞此线之眼，则能直接通过。数人司之，上有牌片。某方电至，则某片翕张。至海线有直通美国者，速力与本国境内相同，每日约有三百馀件。本局每日所收报费，达于二万五千元至三万元之间。其机线或有损坏，重要者由递信省所属之电信灯台用品制造所修理，非重要者，本局别有修理室。室中见有大小电机多具，价值普通者百五十馀元，全座完全可直接极远者，价千元。别有专司市中子午大钟之机一具。盖每日远近所闻天文台之钟声，其原动力乃系于此。

发电室中女子执事

且能直接于大阪下关。别一发电室，执事者皆女子，共四十馀人。至受付室，则旁有本局应用之电话一室。受付室中为主干之座，四围办事人皆各据一案，共三十馀人，手挥目送，应接不停。以译成电纸置下垂之革囊中，以次升降。室外一巨屋中，列坐送电夫役数十人，以待送件。

旋至邮便局。全局共分四部，一为大区分部，二为小区分部，三为本境区域部，四为保险信部。大区分所司者，但就信面之总地名，如外国之英、美、德、法类，本国之大阪、神户类，人据数篓，分别检入篓中，而移送于小区分室及本境区域室。小区分则更就信面之小地名，如吾国之上海、天津等，本国之大阪神户之某町某村等，亦人据数篓，分别检入篓中。本境区域部，就信面之住址番号而区分之，如总局在日本桥区，更就本区分为十八小区，为某町某村云云，分类置之。其有特别原因者另置之。保险信部，亦由各员分司一事或一科，无绝异者。外为受付处，纷纷收发不绝。略同电信部之受付处。

本局之对面，别为小包邮便分局。入视之，则大小包

32,10,2

裹不一，类皆就一定之重量以为分别。来者以麻布装置之，往者以篾篓装置之。门停邮便马车，纷纷运入车中。一车乍往，一车又来。时已晌午。遂出至料理店食毕，赴鞠町区东京电话局纵览。

东京市中电话局共有四所，此其一也。室中司交换电话者，皆系女子，共二百馀人。每人对一电机坐，机皆并列。每机高约四尺馀，广约二尺，上分二层，一为番号，一为电孔，平面则为各线之端。某番号中有电话来，番号某叶即时掀起，遂塞二管以听之，而口对一碗式之机，作嘤嘤细语。随以平面某番号之线端插于某孔。他番号又开，又取线端插，络绎不绝。室中但闻二百馀女子小语声，如群蚊群蝇之聚哄。而一机番号之数及电孔之数，各一百。电孔之旁，复有电珠，以线端塞入某孔后，电珠即发红光。室内此灭彼明，闪烁群星，不停片秒。而每一女子则司一机之百孔，五官并用，不爽累黍。用志不纷，乃凝于神，信哉！询以每人每日薪资，则自十钱至五十钱止。盖初至尚未娴熟者，为交换手见习，艺有优劣也。年龄皆限十三岁至二十三岁。须有公立小学第二年卒业证书，复试验之。其试验科目有四：一、读书（关于电话电信之规则书类），二、作文（普通音信），三、笔迹（楷书行书），四、算术（加减乘除），而尤以言语明晰动作敏捷为最要。询以自动电话，盖直接于交换机（东京市中道旁随处有自动电话，无人专司，任人应用）。各处自动电话室，虽无人专司，然必投电金五分于机括内，则

东京电话局

室中但闻女子语声

交换机之某叶即掀起。如投金不足，叶仅半起，司机者可电话诘补之。奇妙如此。其他电线室中，千头万绪，判为数十总纲，排列架上，而总汇于一巨筒中，分布四出（东京市中各户小康之家及店铺皆装置电话，信用殊发达也）。其蓄电器分为两列，日用其一，以均劳逸，盖某方某线需用之繁简不一，虑电机损害也。遂辞出。

浅草公园香花之盛全国无比

初三日　早八时，访多田止水君，晤谈良久，即留午膳。午后至浅草公园。园为明治六年，就浅草寺定为公园之地，十九年复扩张基址，全部总为十万九千二百九坪，其内贷附地六万坪。园内每年修缮扫除费五千元，赛钱年有七八千元。盖浅草观音为东都第一伽蓝，香花之盛，全国无比也。附电车至雷门，两侧商店稠密，皆售儿童耍器及延喜物，生芋为最多（延喜物以五色彩纸粘缀而成，中制一小儿之面，下植竹竿，大小不一。购归云可得福。生芋亦是日食之，亦可一年获福云。迷信如此），他如红梅烧煎豆等，皆大书浅草名物。行数十武，直接观音堂。绕廊下阶，右侧池中一大喷水器，高三丈。器为东京技师工学博士中岛锐治氏监制，纯系花冈石所成。水盘之喷水口，或向上或向下，但见白雾喷涌而已。盘中踞一观音铜像，高约六尺。

水族馆中种类判然

前为水族馆，购券入。室系山石筑成，分出入为二暗道。暗道中一面以玻璃为壁，中满贮水，上透天光，水底铺沙，下有涌泉，渗渗泌出。中蓄鱼蛤螺蚌，种类判然，有五彩之钿壳及五色之锦鱼，歧尾巨鳃，斑斓掩映。或沉

32,10,3

或浮，游泳自如。盖人行暗处，鱼无所见也。有大小玳瑁各一，大者径四尺有馀，小者径二尺。他如乌鲗、鲛鱼、水母、生死同穴等，奇名诡状，不可枚计，皆分别判隔，一览无遗。又有膃肭脐一，身长三尺，前翅二，各长二尺，尾为二。出水时以尾着力，而立于石。观者以手击玻窗，则疑有投食者，扑水窜至。盖室旁本有食物，供游人之购而投饲者。水皆活浪，中有机括以喷薄之。别一方池，绕以铁栏，中畜大海驴一，形似膃肭脐，而头如驴，鸣声呜呜。身长约六尺，作紫黑色。池中水亦汹涌作浪，海驴则时时游驶其间。盖非此水，不能安其素性也。出过凌云阁。阁为十二层，周围作十六角，筑于明治二十三年，中悬日俄战役南山激战图及日本海海军大激战图，为画伯五姓田芳柳、东条钲太郎之笔。以逾时门扃未能入观。前为莲池，梅樱掩拂，红叶已落。

日俄南山激战图

至花屋敷，购券入。中有花园邱池楼阁回廊剧台等。入口之两旁屋栏中，狮、虎、豹牡牝各一，狒狒一，喙长而臀赤，头毛蓬松如狮，而绝柔细，形殊怪丑，然性极凶猛，撼铁柱振振有声。黑豹一，色黑如漆；貘一，形如熊而毛有斑；大鳄一，长丈馀。山石之间，敞一曲池，上覆铁网，中有岸滩树木，蓄鹤数只及其他水禽小鸟于中。别有大铁笼数枚，以孔雀、鹦鹉、翠雀各鸟实之。鹦鹉之类最多，大小毛彩形状各异，有本国产、有外国产。小猴类亦多，身长盈尺者殆数十。别以绳圈系三猴于高竿，竿首别悬一绳，绳端系筐。观者投食于筐，猴不能遥取也，则

花屋敷内各种动物

登竿提绳取食之。两廊屋间，塑造肖真人物最多，皆按切古今事迹，如楠公樱井驿诀别、兜军记、川中岛大合战。前则为父子牵衣依恋之态，后则山林浓密中，人马横出，肉搏奋战。有勇士足踏一将，手按一将，而持械怒睨一将者；有跨马持刀下斫，下坐一金冠锦袍之贵者，执扇怒指之。崖间则数被伤者，头皆破碎，作伏地呻吟状。又有东照宫模型。宫在日光，此则山峦重叠之中，长桥横架，下涌飞泉，山间楼阁绵缀，蔽以红叶。少时钟鸣，则剧场开

山雀奇艺

幕，演山雀奇艺也。场设长案一，上列小亭，亭悬小钟，遥置雀笼。呼之出，雀徐步登阶入亭，衔小锤击钟。钟铿有声。复置一二三四五五字纸版，出五扇示人，扇亦有字，各与纸版同。任观者取一扇，嘱勿启。纵雀出，令衔纸版。雀审视久，衔纸版之有二字者，迨观者启扇视之，适符合。又置小木机一，令雀登机，状为舂米。又置小布围，出三雀于围中，一雀衔纸剪之马出，傍案飞跃，绝类竞马，二雀又续出，其第三雀至半途蹶马堕，合场咸欢笑。复启一小匣，中贮钱，令雀衔掷之尽。遂闭幕。钟又

西洋傀儡之戏

鸣，则邸下剧场，又开演西洋傀儡之戏。傀儡长皆三尺馀。先为二印度人，共推挽一车出。车置草俵，俵覆于地车仰，乃共扶车起，共负草俵上，如前更行。后者潜释手登车，前者不胜挽，回首见之，怒相搏。后者状为笑乐，下车如前推挽入。又二西人共乘气球，一人登球，球起。一人急挽之，随球上，已登者援之以手。忽脱手由空堕，援之者亦相与俱堕。球升，二人者始为闷绝，继为欠伸，

32,10,3

后为宛转痛苦各状，颠蹶以入。又一大西人出，跳跃逾时。一足堕，变为小人共跳跃。旋一足二手及首各以次分堕，各变为小人共跳跃。最后一身略转侧，亦变为小人。六小人共跳跃逾时。遂闭幕。绕廊行，又见有塑近代事迹诸肖真，则日俄战死者之家族，一中年妇趺坐，一儿持影片状为啜泣，一儿甚幼，伏地侧首睨之。他若舞伎侑酒、闺中晓妆、美女弄猫，以及鸟兽各肖真，或窜林中，或在篱外，初见者无一不疑为真体也。别有菊花制成之人形，首与手足，则皆塑造，亦容止毕肖。

更乘车行数里，至新吉原游廓观览。地殊僻远，至时已灯明月上矣。见大铁关一，上以自来火管燃成“游廓”二字，门前巡警守之。入门道皆宽广，直线横线，各判町目。盖所居皆娼妓也。类分上中下为三等。上等之屋皆洋式，妓仅立于高处俯窥。中下二等，门前为方广回廊，外树密栅，中铺锦毯，上悬电灯，后列金碧刻屏。妓数人或十数人，彩衣或玄衣，列坐其间。屏上各标花名，任观者之采择。旁又一室，中列影片，亦识各名，别悬一金字价目牌。有书游兴费一元者，有五十钱者，甚有七十五钱、四十五钱不等。其上等之尤者为大文字楼妓，皆能书绘。是原为政府特辟专居娼妓者，别有管理之法规。原之间壁，有吉原病院，循例一周一回检视妓病。因会场人益拥挤，未能往观。 游廓所居皆娼妓

行数十武，道左有旅顺大激战图，购券入观。布置之大致，与上野九段坂所见二战图相似。惟见炮火硝烟中，

尸体飞裂，烟尘迷漫。铁道上或塞乱树，空中或飏气球。但苦夜间仅恃灯光，不能明了耳。归途因电车拥挤，不能容足，呼人力车行。

初四日　访铁道作业局平井晴次郎。平井为本局一等长官，属于递信大臣，而掌建设官办铁道保存及运输诸事。所置职官如下表：

铁道作业局

- 一等长官兼技师长
  - 部长五人
    - 运输部长
    - 工务部长
    - 建设部长
      - 事务官二一人
      - 事务官补十四人
        - 技手四九〇人
        - 技师一〇〇人
        - 书记一一九四人
        - 书记补五八二人
    - 汽车部长
    - 计理部长

晤平井后，倨傲之气，见于辞色。因调查得本局五部内所分掌之事为表如下：

- 建设部
  - 经理类—掌物品之出纳预算决算之调度
  - 庶务类—掌文书之收发编纂成案之审查及其他庶务
  - 监查类—掌工事之设计监查

32,10,4

- 工务部
  - 庶务类一掌
    - 部员之进退身分
    - 文书之受授保存编纂及统计报告
    - 文案之起草及审查
    - 预算之整理
    - 前渡金之整理
    - 决算
    - 工事契约
    - 物品之受授
    - 财产之保管
    - 用地
  - 设计类一掌
    - 建设定规及模范设计之调查选定
    - 构造及材料之调查选定
    - 技术的调查及临时设计
    - 事业及预算之计划
    - 材料之准备
    - 设计示方及工事预算之调查
    - 工事之监督
    - 工事之程度及成绩之调查报告
    - 图表之整理保存

- 各保线事务所—掌
  - 线路旁诸建造物之保存及修造改良
  - 线路测量及隧道桥梁其他建筑诸图之调制保存
  - 设计示方及工事费预算之调制
  - 查定工事用材料之品质
  - 支拂要求物品请求之事
  - 工事用材料品之受拂
  - 官舍及用地之管理
  - 文书之整理保存
- 新永建筑事务所掌关于新钱座永乐町间之建筑线路工事

汽车部

- 庶务类—掌
  - 文书之收受发送编纂报告统计
  - 职员
  - 物品之受授及预算决算
  - 车辆制作契约
- 设计类—掌
  - 车辆其他诸器械修理制作之设计
  - 工作及材料之监查
  - 工场机关库附带其他之建造物审计之审查
  - 属于本部之图面整理而保管之
- 运转类—掌
  - 机关车运转之计划
  - 诸车辆之保管
  - 机关车运转及诸车辆之监查

32,10,4

- 新桥神户长野三工场—掌车辆器械等修理制造之事
- 各机关库—掌运转机关车及检查诸车辆

- 运输部
  - 监督类—掌
    - 于营业线视察运输事务
    - 督励事务所长以下运输从事员之职务
  - 庶务类—掌
    - 文书收发编纂报告
    - 职员
    - 取调共用停车之割合费及连带运输之方法
    - 岁出岁入之要求及预算决算之调制
    - 物品请求之调制
    - 保管附属于车辆之共用品
    - 车辆毁损货物失损及延滞之赔偿诸事
    - 诉讼
    - 运输上停车场揭示及新闻广告诸事
    - 电气通信
    - 无赁乘车证之发行及调查时计及制服取缔
    - 属于部中各类及各所之事务

- 调查类一掌
  - 定诸报表之样式
  - 旅客及小手荷物及货物运赁之计算及拂戾
  - 运输统计之编纂
  - 管带运输之精算
  - 运输收入额之审查
  - 检查停车场之帐表及乘车票
  - 调查乘车票请求入场票及定期乘票之出纳
  - 新闻杂志特别输送证票之出纳
- 旅客类一掌
  - 纷失车票之取调
  - 定旅客列车之数及连络车数
  - 审案旅客运赁额
  - 审案客车构造
  - 监督旅客及小手荷物事
  - 客车毁损或小荷物失损及延滞赔偿之调查
  - 与私设铁道会社贷借客车
- 货物类一掌
  - 审案货物运赁格
  - 货物运送之特约
  - 指定货车之集配及使用方法并调查其成绩
  - 货车构造之审案
  - 监督停车场货物事务

32,10,4

- 定货物列车之数
- 货物损失及迟延赔偿之调查
- 与私设铁道社贷借货车
- 各运输事务—掌列车运转乘客货物之取扱
- 各停车场—掌列车运转乘客货物之取扱

计理部
- 主计类—掌
  - 调制岁计预算书
  - 各种预算及预算之流用增减变更
  - 岁入岁出之决算整理
  - 整理特别会计之受拂勘定
  - 整理铁道财产原簿
- 检查类—掌
  - 购入卖出及制修物品之检查
  - 铁道用品试验出愿处分
  - 会计规则
- 出纳类—掌
  - 调制岁入查定额确定额之计算书及支出计算书
  - 调查岁出支付及岁入征收各书
  - 支付命令及纳入告知书
  - 保管金亡失盗难等之处分
  - 岁入岁出及此外出纳现金
- 购买类—掌
  - 物品之购买及卖出贷借
  - 物品制造之注文
  - 购买及制修物品价之支付
  - 卖出物品及违约金辨偿金之征收
  - 物品之运搬契约

- 仓库类—掌
  - 物品出纳制修之命令
  - 供用物品保管之监督
  - 物品之保管出纳及计算整理
  - 对于物品价之前金拂并概算渡支付及精算
  - 不用品及亡失毁损之处理
- 庶务类—掌
  - 部员之进退身分
  - 管守部长之官印部印及他官印
  - 公文受授查阅成案保存记录编纂统计报告
  - 计理部各种所需物品之受授
  - 对于各种保证金及收出证书及保管
  - 监查各部课所之会计事务
  - 检查出纳计算书及物品出纳计算书
  - 支付计理部经费之预算决算
  - 会计之定时及临时检查
  - 属于部中各类各所之事务
- 各出纳事务所—掌
  - 岁入岁出及此外现金出纳
  - 物品之购入配给保管及计算整理等

询以官办铁道与私设铁道之关系，云凡官办铁道预定之线，未经著手敷设者，准私设铁道会社敷设；二十五年

32,10,4

以后，铁道及附属物，依五年间株券价格平均买收，并就纯益金平均二十倍之价为买收价格。而敷设有法，营业有法，以及私设铁道之法，各有专条。而本作业局中有主计课，所司如下：

主计课	统计类	文书之收发编纂及成案之审查处理其他各事
	庶务类	关于统计报告
	职员类	关于职员之进退

复设分局于他地以分掌事务。至若职员舞弊免收、或少收车费，则处以三年之重禁锢，加五百元以下之罚金。而兵员学生凡五十人以上，均收普通价半额以下。行李货物损失皆有赔偿。传染病者另车搭附，死体棺柩与货物隔离，皆分别定有细规，不能缕指。因导往各部参观。

至新桥工场，晤工场长森彦三君。时适雨，即冒雨偕观工场各所。

电动机室，并立二大轮，皮带牵动之，带阔 ·尺馀，轮旋如飞。系购自米国。合蒸汽机共二百三十五匹马力。木工厂则群造新车，木工约二百馀人。有大木刨，仅以木伸入轮下，滚出后遂光滑如濯磨。他如直锯、线锯、车盘起线机等，发声如殷雷。铁工厂，则以旧铁巨轮，纳机中运动钢铲横铲之，锈与浮铁皆剥落而崭新。视旧轮之印文，皆系外国造。盖日本昔年亦皆由外国采购也。其旋螺纹之巨机，以铁轴入之，须臾，轴端螺纹了然。细工场，则皆制车内之装饰，如窗槅及各种范钢等。翻沙厂，则以土为各机关之模型。熔铸厂，则以红透之巨铁，入机数击，而长而方而扁。机关车厂，则破废之车头约数十具，遍列场中，轨道交叉如网。见有绝高大者，有灵简者，其蒸汽筒已拆卸于修造室中者。小孔如繁星，一一以紫铜钉补之，爇火熔合之。斧声铿然震耳。又有较量车头轻重之秤，各轨道交聚处，下为规形大池，上置活轨，可任意旋转。铁料厂，则所用之铁，除本国九州所产外，多购用吾国及英美之原料，而吾国又多自汉口来者。因九州产铁无多也。其起重机殊高大。复有用水力动机以运木材，屋外木材山积，皆自名古屋来者。后又一厂，内有切铁巨机二座。以铁板入之，切口斜入，方圆可任意。髹漆厂，则新造车辆满置其中，遍施色漆。

询以全场员匠，云共二千二百馀人，每人每日作工十时，平均工价五十钱。询以各列车修理之期，则每越二年，必整治一次。询以昔年种种购自外国，今则种种自制，利益几何？云较省一倍有二。每辆列车造成之价，头等须三万以上；寻常用三轮轴者，一万二千两；头等每辆容二十四人，二等三十四人，三等四十人。其放蒸汽室，初到之车，必入此室泄放蒸汽，更换蒸水也。又木工场需用之煤，年必一千七八百吨云。遂辞谢归。

板井制纸传习所

复至板井制纸传习所。所中工人六名。上手一名，每日造纸可值六元至八元；中手可值三元至四元；下手可值一元二十钱至一元五十钱。所中每日出纸，可值三十元至四十元，成本约居卖价二分之一。工价上手一元，中手六

32,10,4

十钱，下手四十钱。东京市中制纸所，大小共二百五十处。制纸所用原料，为三椏皮、楮皮雁皮、稻藁、蒲藁、旧纸、西洋纸等。以原料浸水十二时，沸煮而捣烂之，入苛性曹达使之洁白，而以黄蜀葵根为黏料，滤入布囊，倾水柜中。用方木架铺细竹密帘于上，入水漉取原料，使厚薄均匀，即取帘覆于他纸上，揭帘而纸成矣。每张微隔以草，如是者重叠加高。入压机榨去水迹，干即可用。其漉纸木架，有长三尺阔二尺者，有长二尺阔一尺五寸者。询各所开创之资本，云小者器械资本金，百元或二百元至千元，运用资本金，百元或二百元至千元；大者无定。本所所主为佐野庄作，盖曾入寻常小学校中学校高等学校各四年，均经卒业者。濒行，赠各种制纸各一张，及制纸原料等。遂归。

初五日　早九时，至帝国医科大学附属之第一医院参观。盖大学附属医院有二：第一医院即在大学构内，第二医院在神田区之和泉町。盖既为患者施疗之所，而亦大学中医学生，实验学术临床讲义之所也。设有研究室，以便研究。

帝国医科大学附属第一医院

第一医院别为七区，为内科、外科、产科妇人科、眼科、传染病、脚气科、小儿科。病室共百四十八所，容患者三百五十八名。外来诊察者，除星期及休业日外，每日施治。内外产妇小儿各科系每日，眼科隔日。贫困患者不征收药食各费，惟有定额。别有精神病学科，因东京府之嘱托，派员施治于巢鸭病院。现患精神病者，至有三百七

贫困患者不收各费但有定额

十馀名之多。复派员往养育院施治。但就中奇症，须以官费供学生临床讲义之资料。其产科设产婆养成所，修业十个月，由该校主任助教担任授业，以养成完全产婆。又有看病法讲习科，修业一年。

内外二科近藤佐藤最负盛名

院中施疗之主要者，为内外二科。外科系近藤博士主之，内科系佐藤博士主之，二博士皆为日本医学中第一流人物，最负盛名者。近藤施治之期，系火土木日；佐藤施治之期，系月水金日。入院所见，为受付室。后敞一园，盖为新愈者游憩吸受空气之所。园旁为近藤外科准备室、消毒室、绷带室、整形外科室、手术室。手术室中以白石为墙，炼磁为地，光线之玻窗在屋顶，浣涤磁盆有四，滤水机有二，直接水管，下可爇火，铁床一，屏一。因无病者疗治，故他器不备。准备室中拾级为台，每级前有短栏，盖备群立以观施治者。下则铁床一架，数白衣医者，方各执器械为一人治项下毒疽。但遥见病者仰卧似沉睡，血棉累累半筐而已。内为器械室，中列治病各种异形之刀钳钩镊等，不可枚计。至佐藤教授室，由室中医学士濑户孝一郎君导观陈列各标品，皆解剖所得之脏腑，分贮各瓶，以示患病之原因及形状也，如乳癌、乳线、足肿、阴痈等，及制炼之各药水药物等。惟吾国以此等病隶属于外症，而此则在内科部中。非能医者，不得知其故矣。旁为X光线器械室，盖西人发明是器，于暗器中出电灯，用X光镜回光照病者患处，可透视内脏之所有。登楼为患者卧室，室殊爽垲，光线空气均极充畅。溺壶皆用玻璃，为辨

32,10,5

色也。略视即辞出。

女子美术学校

午后至本乡弓町二丁目女子美术学校参观。校创于明治三十四年十月，逐渐扩充，计五年。中经费现有五万元。其学科有八：一、日本画，二、西洋画，三、雕塑，四、莳绘，五、刺绣，六、编物，七、造花，八、裁缝。别设编物五个月之速成科，及各分科通学后之研究科。此八科中，分本科、撰科二部。本科中之普通科修学三年，高等科预科无定年，高等科二年。撰科中之普通科内画绘、雕塑三年，他皆二年。高等科画绘雕塑二年，他皆一年。撰科者旁听本科之学课，限修二课以内。学费：本科撰科之普通科每年二十四元，高等科每年三十元，研究科每年三十元。撰科生听讲时，每课须纳金二十钱，出席者同纳。又有别科生，盖皆免除学费且供给其材料、为贫寒者计也。惟无故半途退学，须补偿学费及材料费每月二元。校中有寄宿舍，并附属料理法讲习所，分日本、西洋、支那三科，学期各三个月，每星期中授日、西料理各二日，三个月共缴学费各三元六十钱，授支那料理一日，三个月学费二元五十钱。校生程度均须高等小学卒业，年龄均十五岁以上。每班一教员，男女教员共三十三人。校生共六百人。

为贫寒者设别科

由干事员矶野吉雄君导观各室。见有吾国女生习刺绣造花者各一，习西洋画编物者各二。各科所习，类与女子职业校略同。惟雕塑莳绘二科，因休学无可观。至西洋画教室，晤教员牧野安太郎，云习西洋画者，须先习三角及各等角画法，以辨光线之向背。有小学高等程度者，于绘画本有普通基础。但中国来学女生，多无此素学，而语文不通，是以习此须五年。然恒有二年卒业即归，不成亦归者，殊为可惜。现拟令先缴五年学费，并嘱余广劝焉。又言日本女生程度亦低，习裁缝者多，习绘画者少。盖习画既苦其难而迁时，裁缝一二年后，即可谋生计也。因出各种油画标本相示，云皆本校发明之佳品，已择数种送天津师范学校矣。观习画各女生，或环绕一石膏所塑之人首，或一男子坐于上，诸生环绕画之。各绘一面，用铅笔植纸版临摹。其中吾国之女生一名陈兆芳，一名刘玉可。观日本画室，其女教员即医学博士佐藤之夫人，聘自上野美术学校者。所授类皆花鸟等方片。惟所绘花叶多坟起可扪，或云系用浓粉也。观编物科，见吾国女生一，以线编织汗衫手套等。此班生徒独少。盖女生习裁缝为最多，分数室尚不敷也。馀皆习见，无足异者。

中国女生须习五年

又至驹込千驮木町私立东京医学院。校中修业分前期后期，前期二年，学科为物理、化学、解剖、组织、生理、医化、德语，后期二年，学科为病理、病理解剖、外科药物、内科产科、妇科眼科各科、临床讲义及模型演习、卫生法医精神病、霉菌及皮肤病、细菌学、德语等。其卒业试验，各就学期分理论与实地二者。由于事先导观临床讲义室。时适有病儿由教员就床诊视，口讲手示，各生立两旁阶级之上，观而听之。全校学生共三百七十馀名，内有女子四十名。复观前期后期二教室食堂器械室

东京医学院

32,10,5

等。至理科实习室，则一教员以玻瓶贮水置药，一端通玻璃管，斜入大水盂中，以火爇瓶底。少时瓶中发火，蒸汽由管入水中，出水面，亦发火有声，化烟成圈，腾起不散。听讲诸生群聚来观。余等因道远时晚，即行。

华族学习院

初六日　早八时，赴华族学习院。学为承旨创办，专施普通教育于华族之子女者。入校晤助教兼书记永井益雄君。

校中分男女为二部分。女学部内分幼稚园、小学科、中学科、专修科。小学六年，自六岁至十二岁；中学五年，自十二岁至十七岁。卒业后入专修科三年。小学学科，为国语、英法语、算术、历史、地理、自然之观察、图画、音乐、手艺、体操。中学学科，为国语、英法语、历史、地理、数学、博物、理化、图画、家政、裁缝、音乐、体操。专修科则分文学、技艺二部。文学部有国文、英文、法文等专科；技艺部有裁缝、刺绣、绘画、习字、音乐等专科。院长系敕任，统理学务，直接报告于宫内大臣。本校虽注重于华族教育，然非华族者亦可入校，但按纳学金耳。

各教室所用教科书，类皆文部省著作。中学之体操，类如女子高等师范学校中井口君之所教授者。旁有植物温室，玻窗向日，盖备修学之研究者。理科参考室，凡声光力电各学之简单器械咸备。西洋画室，各模范以三角四角六角等型为多。他皆与美术学校所见同。音乐室，见有一印度人来参观者。又至标本室，矿石动植各物等不胜记。

过裁缝各教室，至幼稚园。幼生八十馀，围坐合唱千代歌，教员按琴和之。盖系三班合并者。内女生五十二，男生三十六。出经生徒休憩室。凡中小学校，诸生衣物，皆分置其间。至接待室，印人亦来，颇长日语。询以曾在何校，云系调查学务来耳，不日将由横滨渡美云。遂共出。

东京慈惠医院医学专门学校

午后至芝区爱宕町二丁目、私立东京慈惠医院医学专门学校观览，晤干事指宿彦八君。云本校校长系海军军医总监男爵高木兼宽君，校即其所创。修业分四学年，每学年分二期，教科与他医学相等。惟第一学年下药期，各生须自备药品价十元左右。第二年实验解剖，须自备显微镜及解剖器械约十馀元。第三年须临床实习，而尤注重于兵式体操。盖日人入此校卒业后，须入联队就职军医，须有军人资格也。在校生徒一学年一百三十四名，二学年一百三十五名，三学年一百二十名，四学年七十二名。内有吾国学生三名，一为余纲，浙江瑞安人；一为余锐，浙江平阳人；一为葛成蘅，江苏嘉定人。均系一年生。又有名周传祁，亦嘉定人，现在北京云。

先观各讲义室，至图书室、标品室。标品室中有胎模型及自小儿至成人生殖器各模型，眼球放大、耳鼻舌脑心肺各脏、脊骨等模型，及人体直剖横剖前部后部各模型，均腊及石膏所制，全部价三千元，系购自德国者。至解剖室，有床三架，上承一男二女三尸体，皆骨肉狼藉，然尚未毕，以布半覆之。盖与医科大学所见略同。其剖视各部分，亦如医科大学之分析。盖自今年小学期至今，已解剖

32,10,6

十四人。以吾国人见之，鲜不目为残忍矣。然甘掷无用之躯壳，以卫生人，至仁莫过于此。其外室为病体标本，盖皆从尸体中或病体中检出。见有产蓐之子宫胎盘脊髓等。最异者有膀胱结石，大如鹅卵，中起峰窠；睾丸结核，大亦如卵。其他男女各骸脏、横切直切及染色等品，渍于玻罐火酒中者。大略均与医科大学同。至生理实习室，晤葛成蘅君，即由葛君相偕指告。生理室中，黑板上有粉书消化管之机能、迷走神经之作用，殆实习之问题也。四壁悬脏腑各图，中皆标志神经之脉络。至化学实验室，有天秤秤液等器、寒暖计、广口细口二颈三颈各种玻瓶、乳钵、坩锅、杯栓管斗等，及应用粉液各药品。诸生方分据试验也。室殊宽广。他如器械室、药物试验室，见有用显微镜察视病体中检出之微物者。其一年生必先习骨骼。教师画图，学生模绘中。体操室中有大风琴一具。外为操场，生徒百数十人，方在场操演未毕。葛君云，现学生在东京留学医科者，以千叶为多。凡来习医，须有英文四五年之程度，能读专门书者始可。能德文则尤佳。葛盖浙江高等学堂英语五年生也。

参观各种实验室

复至公立之东京慈惠医院。院与校舍毗连，盖校系独创，而院系公立。然虽二而仍一。校中三年生即须至此临症。入院晤干事白须勤君，相偕引观，过看护妇室、食室、卖药室，内科医室、眼科医室（中用黑布围绕）、齿科医室。别一室扃钥不启，盖中奉天皇之敕书也。又为看护妇长室，室中遍悬温度表及假温度表等。室之对面，即

东京慈惠医院

男病室。病者分两列对卧，溺壶皆用玻璃，而窗闭殊不严，空气甚通畅也。上为女病室，大致相类。过月台，复有男女病室各一，上下亦如之，惟空无一人。过院长室，又至安田施疗室，中设玻璃床一、软床一，皆分四段，中有机括，可高可低。其第一段为枕，二段至尻，三段至膝，四则容足也。旁有扶手，下为冰垫。盖皆外科手术所用。室有大水盆三，每盆有三管：一通油，一通药水，一通水；小盆二架。后则拾级为台，以备观者立视。至看护妇教室，则方习音乐。风琴和之，声谐以畅，使陶冶性情，而对于病者可无拂戾也。室后即肺病卧室，男女各分。肺病易于传染，故不令与他病者同居。而接近音乐室旁，亦有关系。询以看护妇现共若干，云有六十人，凡入院者，须习三年，然后侍病，年龄皆在十八岁以上。

是院创于明治十五年七月，院长仍属高木男爵，次长为实吉安纯男爵。医员现共十二人，药剂长一人，经费达二十七万以上。内收入者为下赐金、醵金、寄附金、利金、配当金、杂收入等，支出者为给料、药价、治疗器、食饵费、滋养品、备品、被服费、消耗品、杂费、印刷费、邮电费、修缮费等。据三十八年四月至三十九年三月病者报告表，计男女儿童共一万六千三百九十九人。内用手术施疗者，计一百二十五人。其中全治者七十九人，轻快者三十五人，死亡者十一人云。遂辞出。

参观大江印刷局

往访富山房、久保嘉久三君，偕观大江印刷局。局内有三色版一种，略如工业学校图案科所见，亦用红黄青三

32,10,6

色，次第相加，遂成各种彩色也。出其石印铜版彩色见本及杂志书籍表纸见本相示。其表纸除图画外，每纸印刷工价八厘、纸价五厘，他无可异者。复至富山房，与主人坂本太一郎笔谈，询知其本店每年销售于吾国之地图约三万册、教科书约一万册，合银五万元，而其同业最大之店，计三省堂、三松堂、金港堂、东亚公司，合共五家。而本店上海之分销处，为棋盘街之勤学社。他若广智文明科学仪器馆、中西教育器械馆等，均代分售。日人近年以书图销售吾国者，盖亦一大宗也。晚复偕有南宇兵卫君，往约工藤写真师于明日赴各处照甲午战利品诸影。国耻所关，以资枨触。

日本以图书销售吾国亦大宗

初七日　六时，偕有南、工藤等，携写真器械，先至靖国神社各处摄影。列表如下：

照甲午战利品诸影

一为炮四尊、弹四枚，在九段板国光馆前外绕铁练之栏：

一、炮一尊，长五尺馀，镌文为："太子太保协办大学士湖广总督部堂一等肃毅伯李督造。"

一、炮一尊，长约六尺，镌文为："金陵机器局监造光绪甲申年十月三品衔江苏遇缺题补道刘佐禹、三品顶戴道衔马格里。"

一、炮二尊，长约四尺，无字。

一、臼弹四枚，长约二尺五寸。

二为大炮一尊，在游就馆前。其发火处有镌文环绕之，文为："二十磅开花子重炮第一尊。同治丙寅八月江南制造总局识。”

三为来远、致远两军舰之大空气筒，在游就馆门之两旁。上悬二木牌，译志其文为：“来远致远军舰之风取口。明治三十五年一月十三日海军中佐山本正胜出品。”

四为游就馆内容，系由游就馆门外照门内所有。盖馆为海军部所属，例不准何人摄影。余百计图之不可得，兹仅就馆外略见一斑：

一为金地黑字之德政匾，上书“德泽弥深”四大字，上款“荫源协戎大人德政”，下款“本关科房书吏等同叩颂”。

一同上，上书“德被梯航”四大字。上款“钦命布政使衔分巡奉天东边兵备道兼全营翼长督理中江税务奎大人德政”，下款“光绪十四年十月太平沟众商人恭叩”。

五为青铜制机炮一座，在游就馆侧树阴中，上悬牌书字，为“支那佛狼机炮一具”。

六为大小炮共十三架，又五架，上悬牌书字，为“明治二十七八年战利品”。

七为石狮一对，在神社竞马场，并列两旁。系中日战役、得自辽东，云当时特组织军队，新制坚车以运来者。石上镌文，一为“大清光绪二年闰五月初六日敬立”，一为“直隶保定府深州城东北得朝村弟子李永成敬献”。

上野公园帝国博物馆

照毕，复至上野公园帝国博物馆，于楼下各室分照。

八为各战利品在铁练极宽广之栏中，上悬“明治二十七八年战利品”字，分志名目如下：

32,10,7

机械水雷	地雷
十二珊炮弹	鱼形水雷
发射管	卅七密米速射炮
臼式滑腔口装炮	机关炮
铁盾	探照灯
车轮	管打铳
抬枪	大长形元込铳
连发铳	单发铳
步铳	管打古铳
骑兵连发铳	火绳铳
骑铳	各种榴霰弹 大者长三尺 小者长一尺五寸

九亦战利品，为倚插于壁间架上者，上书“二十七八年台湾战利品”字，为：

青龙刀二柄	长枪二柄
钢叉一柄	

十为广州十五龄女子小足模型及绣鞋，又鸦片烟具全副。

十一为台湾土番风俗之一类，内有大科嵌街广东种族，及苏州移住族。

因更遍观馆中各陈列物品，见有湖北巡抚端〔方〕赠石经幢一，贞观十年物也，为六角形，上镌草书，字迹模糊不可辨。其他各部如美术工艺部之雕刻珍贵各器，类多吾国物。有马上犀杯一，上刻山水人物甚细；又犀杯

馆中陈列贞观十年一石经幢

一，所刻略逊；大丁贝壳一，方广六寸，刻亦极精细。甲扇一、牙笔筒三、铜石各古印、白玉钵一，白玉碗盘杯屏磬等甚多，皆镌镂绝巧。又文房具灰白色斑之大端砚一、蕉叶端砚一，上刻兰亭景；天然石砚一，长广各一尺；高丽石一，长尺五，广一尺，上刻葡萄及松竹梅。

古物各室陈列品

其古物各室中，如弩机镞钺戈矛刀剑盘盂等，以及古代各画像、唐御车腰舆、德川将军所乘用之天地丸雏形、麒麟丸雏形、伎乐面具，或彩色，或干漆，共数十具，皆为奇鬼面形，古今东西各漆器、陶棺石棺、埃及岩堀神殿，埃及胎信司府二千五百年及七百年前之木乃伊真体、及外被与二重之套棺，又大小葬用偶像有玻璃质制者，长短皆不逾五寸；木偶像有长一尺六七寸者。其本国嘉永以前诸物，则别置楼上。盖嘉永前为东西交通之初输入西洋各物，故别为纪念也。上志“嘉永以前西洋输入及参考品”字。中有各种书籍图画。金唐革制品、织物、天鹅绒、更纱、画屏、玻璃器，图画中有葡人上陆之巨大画屏五架，笔墨彩色，均极粗陋。又金银制之大小各时计、外科手术诸器械、测绘诸仪器等。室外列南蛮寺钟一具（南蛮寺者，昔年日本之西教堂也）、欧制之大香盆一具。

其关于科学研究之各室中，如植物模型标本图画及矿物标本图画、动物标本等。矿物类有大小之天陨石四、极大石英一、辉安质母尼亚二（上有棱刺）、红绿阳起石各一、大岛火山模型全具、象类化石、象齿象胫骨化石、马达加斯加留之大鸟卵化石（卵直径一尺馀）。新西兰之大

32,10,7

鸟足一、趾长一尺馀，韦儿藤之大鸟足一、趾长一尺，每趾粗逾人臂。别有最奇异之骨骼，状类下颏，颏下有二勾如蹄，注文云系河马类。其他各奇异之头壳骨骼，指不胜屈。盖皆各处地层中所掘得者。复有大石一，方广均四尺，注文云中含各质，为电气石、石英、正长石、白云母等。其动物各室内，如狮象虎豹之外，有美国产牡羊大如牛，丹后之鼋鼊形如龟，前足如翅，后足如鳍，背有三脊梁，长大皆四尺有馀，具最长大者至八尺。安房之赤蠵龟、小笠原之绿蠵龟，马来岛之蚺蛇，腰围逾人身。时有数十人群聚审视而笔记之，视其帽章，各有“埼师”二字。

其音乐室、书画室等，凡东西古今各品，无一不备。馆后廊间，悬鲸骨一具，盖得自土中者，长及二丈有馀。廊后为地质矿物类室，门右悬新泻县古志郡山本村大字香壶泽石油坑地层一百五间之表，旁到石炭、褐炭、无烟炭、石脑油各标本。室中悬吾妻山喷火口爆裂伤身之故西山三浦二君遗像，像下玻盒中，置三浦被难时所遗之血迹破帽里衣、大小铁锤各一柄以及二君所采集之各种岩石标本。又有尾去泽之铜山矿类。其他赤铁矿类、砥石类、陶土类（制磁用者）、建筑石类、砚石类、黄硫铜矿类、五色大理石类（东西各产）、埴土类、卤类（食盐）、石膏类、矿泉类（以瓶分贮）、硫黄类、制铜及矿石类、黄铜类、辉银类、辉安质母尼类等，皆按类分列，各志名目及产地成分。又有矿山雏形，系直剖为二，但见山中空如虫

各类标本

蠹，曲折盘旋，仅馀山壳耳。其出云国神门郡涕浦峠船谷铜山雏形。视其外面，遍地皆作铜色。自山巅至麓，密孔如蜂巢，皆取矿之出入口也。搜括地利，至于是极。以视吾国之坐拥巨利，而熟视无睹者，能不奋然兴起乎？归途过“东明馆劝商陈列所，又摄取内容一二张”。

初八日　凌晨五时起，邀李庆芳等同游日光，即至上野附日光汽车。七时三十分开行，三等票价每人一元二十钱，至十一时始至。地当东京之北，渐高，觉寒甚。即雇人力车，至日光町神桥附近之某旅馆止焉。居四等屋，每人每日膳宿洋一元。午膳后，雇案内导游轮王寺东照宫等地。过假桥，桥下岩石高下，溪流潺潺。自城市至此，心神为之旷爽。道侧有小铁轨，牛车运重行于轨上，来往频频。不数武，即神桥，桥门扃锁无可见。盖此桥相传始造于宽永十三年，就蛇桥旧址改葺之。蛇桥者土人迷信谓神护，景云初（距今千五百馀年），系胜道上人见神纵手中红蛇所化者。复行数武，密林夹道，道左流泉下注，直入于溪。少时至取扱所，盖欲观山内各宫殿，须于此购拜览券也，价每人八十钱。以神佛渔钓愚夫，吾国恒病之，不图所称文明国者，甚且沽卖神佛，亦可怪也。

日光之游

须臾至三佛堂。堂系本山第一伽蓝，往昔至称以金堂。然以余辈视之，亦不甚雄壮。欲入观之，则寺僧凭短几索看佛洋十五钱，且须脱帽及西装之外褂。姑听之。入暗龛中，则僧人历指告之曰，此阿弥陀如来、此千手观音、此马头观音。睨之殊不明了。出见几上有纸函封固，

32,10,8

购之须三钱。拆视之，则印版小佛像一纸也。哂掷之。复过公园地及相轮塔。塔系铜铸，中为一高柱，旁立四短柱。中柱之巅，谓系有金铃二十四枚云。

右行见东照宫位于山半，门前石华表二，大鸟居一。两旁密树参天，皆高十馀丈，云皆三百年前物。其表门朱漆崭新，左右塑二凶神，面体皆朱，均新落成者。右为五层之方塔，中置本尊五智如来须弥及其他诸尊。又御手洗亭中范石为方地，有泉涌出。渴者给一钱与司泉女子，任饮之。后为铜鸟居石灯笼寺。登阶上，左右为钟鼓楼。旁有朝鲜钟一架，钟上镌文，为“崇祯壬午十月朝鲜国礼曹参判李植行司直吴竣”等字。又有回灯笼，亦系朝鲜物。此外尚有钧灯笼、莲灯笼。一系和兰陀国物，一系琉球物。随入御唐门，门旁柱栋皆镌镂花纹，并缀铜狮铜龙。上为拜殿。脱屦入，守者指殿上各物示之，云地铺六十三席，柱栋雕刻，当时至费八万金。旁室内屏风上均刻凤凰。出殿左行，有一钟楼，中有妇人衣白绡，盖有致礼者，即为撞钟也。复行，门之上槛，刻一睡猫，俗传为左甚五郎所作。游者咸仰首凝视，以为希物。拾级登阶五重，计共二百七级，两旁夹以石栏。密树蔽空，惟闻万派涛声，泠泠灌耳。至最上层，即系德川之墓。墓门系铜铸，并立二铜兽，绕以石垣。墓顶有铜铸圆形之塔，墓前铜鹤一、铜瓶一、铜兽炉一。盖东照宫者，崇祀德川家康之家庙，而此则墓地也。 东照宫

历阶下右行，为二荒山神社。树亦浓密，两旁整列如

栅，根盘郁结，似群树之根，已均合并者。就茶室小憩片刻。茶室中有各种矿质石求售。因时已促，遂归寓。是夜寒甚，幸旅馆各有被褥。被有两袖，厚而且长，殆寝衣一身有半之遗制与？抑穿凿汉文、拘泥而仿造之耶？

华严泷及中禅寺湖

初九日 早六时起，雇案内导入山，往观名胜之华严泷及中禅寺湖。由日光町至湖二十里，半系登山。人力车价昂，且游览有非可以乘车者，遂相约徒行。过假桥循溪行，溪流湍急，名大谷川。盖上则发源于中禅寺湖，落而为华严之泷。径曲涧深溪，东流二十馀里以注于绢川也。渡绝长之板桥。晓霜黏屐，冰棱满地，两颊迎风，冻而为赪。路经小村殊多，而皆曲折随溪，渐入山深之处。桥下奔泷汹涌，层叠继进，白石齿齿，横亘溪中，若与飞流相激战。少时至马入村，道已及半，然过此即须登山也。就茶屋小憩，订定人力车于归时乘坐，即行。渡长木桥数，登山。山无石级，险阻甚，重以新雨之后，泥滑滑，有一落千丈之惧。愈上愈艰困，折林枝拄杖以行。乱石崎岖，时来窘步。案内则跷捷如猱，屡坐石相候。然既至此，万无退理，奋勇继进。俯视乱山杂沓，身在最高矣。如是者数数，至足力既疲不可支，始至所谓华严泷者。殷雷轰轰，自远而近。觅径曲折以下，至陡出之草亭，遂见华严之真面。其上于乱谷之中，界一水线，直堕落于深不可见之底。惟见水烟飞溅，若云生足下而已。旁则小瀑群萃。

奢望甚大睹此索然

如为辅翼。峭险之景，殊爽心目。然以余艰苦登山，所奢望于华严者甚大，睹此又觉索然也。阅毕，复至道旁茶屋

32,10,9

小憩，出干粮食之。见有西人夫妇乘车来观者，旋即去。余等亦行。林中一碑巍然，上刻华严泷歌一首，下志湖山小野长愿之名。诗无暇细玩，字迹则古雅有致。穿密林过，道右高峰独出，为男体山。复许时道均平坦，旋见山势两分，中开一镜。长桥架渡，屋舍栉比，即中禅寺湖也。桥名南岸桥。湖水由桥下流出，直落为华严泷，而通于大谷川，形似西湖，南北七里，东西二十一里。惟可异者乃在山顶耳。湖中鹅鸭成群，舟楫聚泊。临湖百馀家，对落日开窗。山色波光，别有天地。循湖而北为中禅寺，有铜鸟居一。寺殊狭小，但日人相传为名胜耳。略观仍至湖边，登临湖楼茶屋小憩。主人出纸索书，因书一横幅畀之。少坐，循旧道下山。窄径容足，心常岌岌。至马入村，车已久候。登车即行。日色向暮，林烟时起，岭上松声，谷间溪韵，若相偕相送以向归途。比至假桥，已月上灯明矣。至旅馆给资毕，赴车站趁六时之晚车归上野。抵寓已十一时，倦极就寝。

中禅寺湖形似西湖

初十日　得日本全国工厂之统计，历志之如下：

日本工厂统计

大阪府一千一百八十五家

兵库县六百八十家

东京府六百四十五家

长野县五百六十家

石川县五百家

爱知县二百二十家

其他各地五千四百五十一家

合共九千二百四十一家

各厂佣使男工二十万七千九百九十七人

女工三十一万八千四百零六人

共佣使工役五十二万六千四百零三人

又得共进会章程一卷。事虽已往。然吾国工艺方极幼稚，劝商劝工等场，必将陆续举办。章程中固有可资效法者，摘要录之：

共进会章程

总则中办法，系联合东京府下十一县之产物，而开场于新泻市。其出品种类，限米、麦菽、茧、蚕种、麻、蓝、茶、烟草、酒、酱油、水产制造物、生丝、丝织物、绢织物、麻织毛织交织物、染物、陶器、漆器、金属器、木竹制品，共二十一种。凡经内国博览会共进会之审查，但认其关系有益，不论生产之土地，年时之新旧，俱可入会。每人出品种类，皆有一定制限。每品须将制法标明。凡优等及一等至六等，可各向农商务大臣请求褒赏。入场参观者，须有入场券，定金一钱。事务所，设事务长一人、审查长一人、事务委员长一人、审查官若干、事务委员若干、书记若干。事务长以新泻县知事充之，统理各务；审查长及审查官均请农商务省派遣，掌审查物品之事；事务委员长以新泻书记官充之；委员由各府县联合派出。陈列时间，自午前七时至午后五时止。陈列馆分为四号，分陈各品。馆内设优待所，专待携有优待券之来宾。设休憩所，以备观者休息。设新闻纵览所，备各种新闻，及贸易新闻，以供众览。设赤十字社救护员派出所，以备

32,10,10

治疗参观人之急病。设酒馆茶房六所，以备观者之便宜小酌。并有警察临场巡视，有消防夫以备非常之灾患，开场共五十日即闭会。

其审查有限期，有评论，以速定等级酌量褒赏为务。审查法，有寻常目力鉴定、机械显微鉴定、分析鉴定及调查。鉴定者，各就各品之形色香味性质调制及内容。调查者知本业之情形、出品者之状况、与价格销路等。其他开闭仪式各种规则，无关紧要不赘。

午后，偕久保嘉久三君往大江制版所，详观三色版制法。三色版前于高等工业校中已见一斑。盖铜版玻璃版及石版皆可刷印，先黄后红次青，则各色咸备。惟不解图画中或半系纯青、半系纯赤、三色相加，作何分析。询之云用药品耳。见有磨石机，价二千元，系德制，用三种红砂，一粗，一细，一极细，次第磨之。三色印机，每座价四千馀元或二千馀元。其绘版室，有少年五六人，各据石版，以色笔渲染如地图、人物、花卉、山水等，各就光线向背之痕，按绘叶及影片纤细着笔。盖此等画工，非少年目力优强者不能。略观出，至博进社观洋纸见本，见其中纸类数百种，有本国各纸厂所制者，有欧美等国所制者。因昨游足力未复，归就卧。 大江制版所

十一日　午后，至上野附近万年町一丁目之万年寻常小学校参观，晤校长阪本龙之辅君。据言该校性质，有与他校特异者，盖专为贫民子女而设。校生皆人力车夫、挽货车、拾纸屑、雇足、土工、送新闻纸及其他小职业之子 万年寻常小学校专为贫民子女而设

女，校费概不收受，且由校中供给生徒之纸笔书籍剪发洗衣诸费，惟衣履自备耳。生徒年龄自六岁至十四岁以内，共五百八十名。东京府下如此学校，共有五所，万年其一也。盖日本法律自六岁至十四岁中、男女不就学者，罪其父母。然贫民无力措缴学费，责之不可，听之不可，乃为此斟酌完善之举。其学科为修身、国语、算术、体操、唱歌、图画、裁缝等，又于学科中减出时间，加习手工。盖涵养普通德智、强壮国民体干，而于实业复足以资生，皆必要也。凡男女生所制之手工成品，售得价金，概由校长管理，为贮金于邮便，取有证书，以养其节俭贮蓄之风。盖贫民子弟，恒苦食物缺乏，多为食物而浪费，此实屡经试验者。是以贮金一法，权在校长，以为其异日谋生之用，实足破此恶习。又学成后，由本校为觅附近之雇主，以各就职业。既谋生徒之出处，而雇主亦因信任本校，咸乐引用。又有特别规则，则本校之二部教育是也。按日本律本有二部教育之制，然合中小学于一校耳；此则合中小学于一日而教授之，分午前午后为二部，且兼及夜间。盖贫民子弟须兼营生计及家事，不能以终日时间专就学校，故本校由文部省认可，悬为特别优例，分午前为中学班，共一百五十名；午后一时至四时为小学班，共一百五十名；四时至八时又为一班，共七十馀名。缩短学科于四时间授毕，馀皆自营之时。既可以便贫困，而因分别教授，教员既可兼任，教室亦无须宏大。是以本校仅有四教室，教习仅九人，已绰有馀裕。且延聘教员，其学品优者，一

校分午前午后二部

32,10,11

人可收二人之效。虽时间较多，但丰以薪资可矣。然本校教员各等薪资，每人每月，平均亦不越二十五元之数。并劝余回国后竭力提倡是举，以谋普及教育。又言有一失礼语，云在东留学速成诸生，所学不过数月，回国闻即任以教员，贻误教育前途匪浅。日本于教育一端，经二十馀年之研究，犹未能慊然无憾，愿勿等闲视之。余深佩其言。

遂导观各室。一为寻常三学年生，贫男贫女，衣多褴褛。方各执石笔书字于石版。一为寻常四学年生，方习算术。见壁间玻镜中，遍嵌各生所习之字，有日本男子及勇军人等语。视其字迹略整耳，然特悬以奖励之。又一室为女教员，方怡色讲授。有二生不受教令，起立于案旁，皆羞涩蒙首。而教授之详尽委婉，群儿咸倾耳瞩目，不旁骛也。计每室各容七十馀名。室外为操场，宽广足容三四百人。墙边遍种植物，盖备群儿之参考而增进其知识者。墙外犹有隙地，据云尚须扩充建筑也。 贫民学生衣多褴褛

校创于明治三十五年，至三十六年二月授业开始。其建立之原因，因东宫御庆事，两陛下恩赐教育资金于市长，遂由市长松田秀雄，筹画贫民学校，以广帝德。嗣后生徒逐渐增加，经费逐渐扩充。初年预算二千八百九十四元，至三十八年预算额约五千二百元之数。阅毕遂辞出。余之参观及此者，因学务课长涩谷君，盛称是校成绩最良。余初意一寻常小学耳。今见乃知涩谷之言非谬。

四时至京桥区（东京パック画报社），定购今年报册，盖报中时见有关系吾国之绘叶也。晤社中主笔中村弥

二郎、田中源三郎、尾池义干、安孙子贞治郎诸君，与中村安孙君笔谈，询知其曾游历满洲。计近年日人之旅行于满洲者，每月恒有三百馀人，内以商贾为多，商贾中尤以纺丝布帛为最。而今夏学生之往游满洲者略一千人，盖异数也。并言渠往奉天时，曾谒见交涉局陶观察大钧。因出其旅行中写真片数纸相赠。略谈即别。

出遇雨，呼车往访下田歌子于中国使馆对门之邸第，略问以华族女学校之中国学生。据言去年回国者一名，今年回国者十三名，现在东京者二十七名云。以无通译，数语即别。

十二日　早六时，赴北丰岛郡巢鸭村访留冈幸助君，藉叩感化教育事。留冈君现就职于内务省，兼为家庭学校校长。亦经涩谷君介绍、屡访于内务省不遇，故谒之于此。校距东京市十馀里，僻在田间。丛竹短篱中，见有榜“家庭学校”之额及留冈姓氏者，持函入叩。适留冈因事未返，当由校中教员冈村正名君导观一切。

感化教育之家庭学校

全校生徒现共三十馀名，入校年限十五岁以内。现在校者自九岁以至二十馀岁。稍长者，得校长之允许亦可入校。盖皆不良少年也。或由官厅说谕，或由父兄嘱托，代为教养。分自费生、补助生、给与生之三种。自费生月谢中学三元、小学二元，校费中学一元、小学七十五钱，舍费中学一元五十钱、小学一元。补助生各费由校中担任若干、自备若干；给与生则全由校中备给。

本校虽系私立之感化院，而其性质与感化院略异。所

32,10,12

以命名为“家庭学校”者，实具有家族制度也。校中除教室外，有三家族舍。每舍居生徒十人，各有家族长一人、主妇一人，以监督指导之。家族长每日午前于教场为教师，午后于农场为监督，与生徒共劳作。主妇则尽力于炊事被服等，疾病则更任看护之劳。寝食与俱，居处与俱，以为潜移默化之基本。其生徒逐日课程，午前五时起床，五时半至六时礼拜，六时至四十五分，扫除及汲水；七时朝食；八时至十一时四十五分，学课并小憩；正午午饭午后一时至四时四十五分劳动；午后六时至八时自习，八时就卧，十时息灯。礼拜者盖本校以基督教为主义也。学课中注重者，为习字、体操、音乐、唱歌。然不良少年，性多懒惰，乏注意力与研学之精神。鸣铃始业时，经教师呼之再三始至，此至而彼逸矣。习字则墨污狼藉，体操则好为个人权谋之恶戏，唱歌则时呻野鄙俗谣，授业最为困难也。现分四学级，为中学部、高等小学部各二。劳动者因不良少年之特质，最喜逸乐浮浪，纳于严肃规律之下以劳其身，使从事于农业。校中有园圃，由老农教之耕种，既能涵养精神，又能发达体力。而音乐体操尤占重要部分。陶冶其优美高尚之心思，与整正其体育之秩序，皆必要也。而凡为不良行为罪恶者，于身体上恒多缺陷，故于卫生亦最注意，得多数专门医学士之担任焉。总之教育之主义，为勤勉独立正直清洁之四纲，皆经数度之经验，知不良少年于此四者乃最相反。复为慈善教育永久继续之计，于本校设立慈善事业师范部。凡年龄二十以上、体力

家庭学校具家族制度

校以基督教为主义

不良少年之教育法

强健有决心从事于斯业者，不论男女，皆许试验入学。试验科目，为数学、地理、历史、汉文、作文、生理等。入学须纳束脩金二元，月谢金二元，分二学年。学科为圣书、慈善事业、心理学、历史、犯罪学、社会学、教育学、伦理学、英语、临时讲演、实务讲演，女子则别授音乐、料理、裁缝等。

此外复有行馀会、积寸会、家畜同情会等。行馀会为生徒间运动，而鼓舞其合群之观念，于性情体质，大有裨益。积寸会为本校妇人以廉价购校中需用各品，而以时价售于校中，赢得微利，累积之而补助其他之慈善事业。家畜同情会，则因不良少年，恒多不逊于父母，苛酷于弟妹，而又时时虐遇家畜，以逞其欲，是会所以感发其慈爱之心、实际施行，以为入德之渐。

生徒上课哗骚舞蹈

历观教室数处，虽在教授时间，生徒犹有哗骚舞蹈者。观家族舍数所，见韩人一名，名朴容植，及吾国人一名，名李立藩，年皆十一二龄。有二十馀岁之中学生，方在室自修，盖皆有成绩之可观矣。中为运动场，四围林木花卉殊繁密，外则阡陌成行，皆校生所种植者。

本校创立已三四年。留冈夫妇皆为基督教人，热心慈善，与同志诸人组织改良，以成是业。留冈夫人卒以劳于校事，不及见本校之成立，先于三十二年病死。今则留冈尚日夕奔走于郡乡，募集经费以图扩张。盖不良少年，每周必有五六人来校，而资力薄弱不能任也。易莠为良，仁至义尽。观此不禁怃然于内地教育之前途，于正当学校犹

32,10,13

横生阻力也。不获面晤留冈，藉叩要领，殊为遗憾。遂兴辞出。

东京美术学校

十三日　午前，往观上野之东京美术学校，由某职员导观。据云校生共三百四十五名，中有吾国学生四名。入校须有中学卒业之程度，由校中考取入本科。吾国之留学者，无中学程度，入校则先实习。虽能听讲，终苦扞格耳。实习五年卒业。其预科乃专为日人所设，学科为西洋画、日本画、塑像、铸造、调漆、莳绘、木雕刻、牙雕刻、石雕刻、图案等。

木炭画室中国学生潘李二人

西洋画科之木炭画室，中有吾国学生二人，一名李岸，一名潘延年。所画亦以人面模型遥列几上，诸生环绕分绘其各面。日本画科之本科教室，中悬一版，书“秋风”二字为题，诸生各据一长方木版，贴纸版上，命意构笔。或为美人手拈一落叶，或为芦苇昏月；或已煊染略成，或尚勾勒轮廓，各各不同。别一室则各对一兽一鸟之标本摹之，旁及人物花卉山水等。塑造教室中，有吾国学生一人，名谈谊孙。室中各生分据一高几，以白垩各塑同一之人面半身形，眼鼻口耳类皆一致，无毫发异。铸造科亦有课题，为铜像台座，下注但系洋服等字。各生分制一铜，或以棰击，或以磨鑢，或以镌镂。室旁玻厨中，陈各生手制之品，下标姓名，如佛像、人体、鸟、兽、瓶、炉等。别有方广不越二尺之铜屏，所镌嵌之山水人物林木等皆浮起可扪，兼分各种铜色，毫发入微。询以价值，则每屏类皆三四百元。小件玩物，亦皆十馀元数十元不等。中

塑造教室有谈谊孙

分一二三年成绩品，及卒业生制作品。漆工科之调漆第一年教室，诸生各为不施绘画之漆器，但调涂各种色漆耳。或磨擦，或据漆板执木片调附之。其莳绘室，则为漆器之绘画。旁亦有橱，分别调漆各具、漆各具，有铁制者，有木制者，及各种漆树标本成漆标本。至髹漆法顺序标本，则遍嵌各色漆板约数十方，方异其色。木工雕刻科，是日休业。启钥入视之，则两列架上，皆胪列各种刻成之大小人物鸟兽等，栩栩如生。室中有木刻之大人体全身一具，又有板片上刻花鸟。或系凸纹，或系凹纹，盖皆根本于图画。其刻而未成诸品，有但分形式者，有已分凹凸者，有尚未光泽者。牙雕教室亦休学。玻橱中有各级生精刻诸标品，皆极精美。复有石膏制之各模型，盖令诸生仿刻者。石雕教室中，置旧白石人面半身一具，各生分据一白石仿刻之。视所刻之容，与旧者无丝毫异。更觑他生所制，亦如出一辙。图案教室亦休学无可观。各教室之中为球场，场布球网，为诸生游散地。

西洋女子学日美术

遂出至校旁食所。见有西洋女子一人，异。询之，知去年尚有西洋女子三人，已卒业去。盖日本美术，以此校为最。西人亦倾倒之也。

至料理店午餐毕，赴工藤写真店，取战利品影片归。适多田止水君偕女光子来寓送行，并赠各品，畅谈话别。旋石川定辰来，招赴某酒楼呼歌舞伎侑饮，略如广岛所见。是夕盖远山竹三郎君病目，嘱石川主饯筵也。石川意气豪迈，言以短视不得入陆军为生平遗憾。畅谈痛饮，至

32,10,14

夜半一时馀，尽欢而散。

十四日　上午至下午，料检行李毕。李庆芳等来送。五时偕赴新桥车站，途遇高桥波上君。与笔谈，始知余行。期以再至，匆匆作别。至站中洋食店晚餐后，七时二十分，与李君作别登车。三十分开行，至八时余抵横滨，就车站近旁之上州屋旅馆宿焉。居三等屋，每人每日不备餐，价五十钱。然室殊清洁也。浴后就睡，有盲妇来问按摩，价二十钱。试令为之，则于肩背手足间各脉穴与筋骼，或以磨擦，或以擂击。按摩至足，余已沉沉入睡乡矣。因思吾国昔本有是术，今仅偶见于剃发匠。然技诀则已失传，日本独保存之。可慨也。　抵横滨　盲妇按摩

十五日　早，至山下畸百六十番地，晤陈日升君。陈流寓于此者三十馀年，已娶日妇，专为内外过客经理车航各事，为王惕斋君所介绍。因偕出早餐，旋至中华会馆游览。会馆中前厅三椽，上悬“同善堂”额。盖此间居留之广帮为同善堂，三江帮为积善堂云。后为关帝殿。时见广东妇女三四十人，焚香燃楮，泥首求福。殿左为办事室，室前为厅屋三间，右为医生室，云系堂中经费，特延美国医生一位，月俸二百两，专治居留民之病者。广帮不取医金，外省人取医金五角，病者每日恒有五六人。中间悬有李文忠书“德润故乡”四字匾额。略观即出。

复往观大同学校。校额系南海康有为所书。登楼见泽公书“正谊明道”四字额。楼前室中为客座，亦有康有为书联云：“夏声涵海来重译，孔学递邮演大同。”又有　横滨大同学校

新会梁启超书联云："不为圣贤便为禽兽，莫问收获第问耕耘"十六字，盖集曾文正公语。校中助款者姓氏，如五大臣及各省游历诸官员名。少时校长钟卓京龄出见。钟粤人，为本校教员而兼任校长者。据云此校开办八年，校生共二百七十名，内有女生六十馀名，幼稚生五十名，盖附属有幼稚园也。本校卒业生之在东京者二十馀名，在美国者十二名。计每年有十名卒业。经费共七千元，系捐自广帮各商，计本埠商业中有三千馀人。校长年脩八百元，英文教员七百元，中文教员五百元，卒业生助教员三百元，日本教员月脩二十七元，生徒助手月给十元。凡卒业生之在东京各校及游学美国者，均由校中酌给学费，在美者每人每年四百元。本科教科分高等、寻常、幼稚三部。高等之男生七十馀名，女生十五名。寻常之男女生共六十馀名。钟君适须上课，遂由助教生曾广麟君遍导观之。

至唱歌室，为第一年至第三年寻常男女各生，由日人教授，其教科书为湖北官书局所编之《教育唱歌》，又《新编唱歌集》、《日新唱歌》等。聆其音节，微欠沉雄，不若所闻于日本校中者。至幼稚园，教员按琴，保姆导行，皆系日人；中有卒业女学生一人助之，约十五六龄。盖卒业女生之习保姆者共十二人云。幼稚生五十名分二班，一班游戏，则一班唱歌。然皆参差不整，不若日本幼稚生之有秩序，则家庭教育之欠缺也。幼生所唱之歌，为日本歌及东京俗语歌。其他教室，或教汉文，或教日语，或教珠算，诸生均不足席，年龄亦长幼不一。询之云居留

幼稚园原作幼稚员

32,10,15

界失学者多，添附入校，年齿遂不能划一。殊憾事也。其女子教室，系三班合一教室，一女教员任之。教员粤装，指导颇婉切勤恳，询知为康广仁之夫人。复观学校用品庋藏室，其体操器械及运动所需，类皆完备。他无足观者，遂出。

教员为康广仁夫人

至广东料理店午餐。陈君谈及前偕某公参观矿务事。于佐渡为金银矿，于筑尾为铜矿。筑尾矿山高千馀尺，由山口入山腹，运矿铁道长约七十馀里，每电车头可拽二百八十吨之矿石。入观者别有护身之帽衣履等，以避伤污。由大路入，附车以行；由小路入，执火以行。其开挖法，凿石成二孔，深约二尺馀，大皆如碗口。实炸药轰毁之，则可隳二三十吨之石壁。计筑尾日可出铜一万五千斤。凡净铜一万斤中，有白银三十斤，银三十斤中有金一斤。仅以此金，已足供全厂费用而有馀。自开创至今二百馀年，资本现共六百馀万元。其初创时规模甚小也，绕矿山而居者，久而成市。现有一万数千家，皆倚此日臻发达。佐渡之金银矿，盖五百馀年前德川时代所发见，后由政府赠与三菱以酬协饷之功云。又言开矿必先能自制机械。盖矿机一具，仅能应用七八年，而购机价昂，以七八年所得赢馀，于购机耗之，殊无裨益也。餐毕，偕赴市中略购零星，约以明日购券登舟，遂分道归寓。

佐渡筑尾矿事概况

十六日　早九时，陈日升来。结算房价毕，至某运送店，给铜牌令向车站尽取行李，送登今日开行之小仓丸。即至邮船会社购二等券二纸，自横滨至上海，价每人三十

购至上海船票

一元，实折二十八元零。倘途中自横滨至神户，因远洲滩风浪、或别有原因不能乘船，须至某埠登舟者，但须加给小费数角，社中即别给汽车券一纸，可不取分文，附车至某埠登舟。船车联络一气以便行旅，用意立法，可谓美备矣。本社航行上海汽船，大小共八艘。每月星期之四六，由横滨轮班开驶。星期四为春日、宏济、博爱三艘，星期六为山城、山口、小仓三艘。别有二艘，系直驶汉口，近因水浅停驶。余等欲就海程观览，因不复取车票，即登轮审视舱位。料量行李毕，复上岸至公园游览。午膳后与陈作别归舟。四时出发。

小仓丸船身甚小，略同来时所乘之山口。盖每星期六之三船皆小也。二等舱在船尾略前之第二层，容客十六人，分四室；上层为一等舱，容十二人；再上舱面为憩息所，椅榻亦备。船首之下层为三等舱，容一百八十一人。上为办事室，中为机轮，全船载重二千五百九十六吨零，船长为山田嘉德氏。是夜过远洲滩，波浪甚大，睡中不觉也。同舱一日人，系至门司者，一浙江湖州人，系在江川纸厂习造纸卒业归国者，姓沈名士瀛。

与沈君谈造纸原料

十七日　与沈君竟日畅谈。询以造纸原料，据云楮皮、竹笋皮、三椏、稻藁、桑皮、木质等纤维及烂布，均可造纸；或桑皮、稻草对成亦可。惟楮皮四川所产尚多，桑皮则江浙一带大可利用，三椏产于日本，吾国有亦不多。而烂布等惟造报纸用之。木质亦可制纸，但性脆易裂。纸中暗纹，均以细竹编帘，任作何等暗纹均可。盖编

32,10,17

帘之线纹即暗纹也。但吾国或不能编极细之帘，可以绢代之。而刺绣绢面，亦能任作何纹，且出纸较细。凡造纸分人工机械二种。极细之纸及厚纸，均宜人工，以人工所出之纤维长，质即坚实，机械所不及也。然劣品之纸，用烂布杂质所制，即新闻等所用者，则售价廉而需用多，机械较人工易易也。询以开办纸厂、人工或机械，各需资本几何，云人工造纸轻而易举。全厂所用漉纸工人，或二十名，每日工价二百文。每人出纸可五百张。每人所用漉纸器具各十二元，杉板一千块，每块计五百文。购煮纸质所用之锅，深二尺馀广约四尺者四具。造连灶约每具八十元。造纸药料计五百元。别用小工四五十人，令打原料之纤〔微〕维，无事时令刮皮煮纸晒纸等，计每名每日工价钱百二十文。凡厚纸则烘，薄纸则晒。合计所需资本，不越三千元耳。至用机械，则非巨万不可。因询以能造何等之纸，云造纸最要之药品惟制炼松香胶耳。各种洋纸，不加此胶，则无粘力而不易经久。然炼膏之法，江川厂秘不以授外人。且中国学生来厂学习，本非所愿。今犹有学生数人者，因该厂经办北洋纸币，不得不允派官耳。江川之资本者，昔主不纳。主任者主纳而不教，且可利用学生以为工匠，遂许入厂留学。而技师某独不善二人所为，念学生之久而无成，欲售其术，特未得人耳。沈遂与无锡杨君及某君三人向叩之，允觅秘室，每夜往习，各出洋五十元为酬。不及数星期而炼膏之法已得。盖沈本谙习理化，为之易易也。计所耗松香原料不过百馀文。能自制松香

炼膏之法秘不授人

胶，则无论东西洋各种纸皆能仿造矣。厂中他学生闻之，有四川官派者二人，亦向技师求授。技师云须购松香一巨桶试之（每桶五十馀元），遂不果。又洋纸之分量太重不便携带者，以纸中有土质也。用药品制之，故土与纸质融和无迹。吾国但知以白土涂于纸背耳。沈于昔年曾自费留学于俄。日俄战役，俄人疑为日人，不能容。遂赴日本专习造纸。入江川仅一年，今已卒业。因出其试造之各种标本相示，五色纷披，厚薄咸备，就中所造之钞票纸尤佳也。

神户同文学校由华侨集资建

十八日　早十时，至神户碇泊，呼小舟登岸。乘车至中山手町通三丁目廿四番地同文学校，访校长汤觉顿君。汤昔在沪上旧知，别已七八年矣。相晤畅谈，并导观各教室。校额为日人犬养毅所书，校自庚子年由神户市华侨集资构造，创办距今六年。学科分初等高等，男女学生均有，并附属幼稚园。初等五学年，高等四学年。高等之教科依《奏定高等小学章程》，增授洋文、音乐、军乐各科，以为鼓舞爱国精神，及习专门之用。初等科之教科目，则参用日本寻常小学教法，于第四学年前，均不专立历史地理、格致等科，而总括于读书科内，授有读本中之容有各科者。读经则于第三年归入修身科内。以次渐进，令儿童读之不苦。至第五年乃特立历史、地理二科，并附格致。其学年因海外侨民子弟，入学年齿，不能整齐，原限七岁，今则变通之，有九岁、十岁者。学级亦不拘长幼，惟视其学力相同，即编一班。其高等卒业后，特开特

32,10,18

别班，再留学一年至二年。其考验有平时、临时及学期考试、卒业考试等成绩之积分。初等以考十得六七为及格，高等七八为及格，给赏品赏状以为奖励。遍观各室生徒类与横滨之大同学校相似。见有女子之高等者十二人，别为一室，方授以中国地理。其他教员有授音乐，有授汉文，有授体操。其体操分男女为二院，然步伐均不能整然划一。音乐之歌词与大同相等。幼稚生之庞杂纷乱亦相等。然海外居留，经营缔造，具此基础，已非内地各校所能及矣。遂作别归舟。

舟中无事，与日人某君笔谈。某君盖成城学校之卒业生。谈次及学生修学旅行之益，据某君云，日本学校生徒，不问大中小学，每年春秋必旅行二次。而夏季休校中，大中校学生，尤竞为远足旅行。或赏山水，或察风俗人情，或采集动植矿物，以资科学之研究。某在校时，恒于暑假或秋季，与中国留学生相偕旅行。由东京乘汽车至日光山。日生当日入山，宿于旅店，土人必以军乐队欢迎。中国学生恒以足力不及，不能登山，当日在旅店宿。翌日凌晨六时，由教员人给面包一枚，水果二枚，即荷旅行革囊，布袜芒鞋以行，依所开各地，必遍历始已。尽本日十二时下山至车站，又人给面包一枚，水果二枚，每五人牛油一瓶，食毕即登车返。计往返车费宿费食料费，每生各预纳三元二十钱于校中。愿往者，亦必由教员偕往一百里内之名胜处一游，不许托辞引避。至各校之女生亦然。女生有能登山者，咸引以为荣誉也。某君又言中国人

日本学生每年春秋旅行二次

舟中之笔谈

口繁多，苟能勉励业务又敏活于商业，世界将不见其比。今者输入二十世纪之文明，不日雄飞世界，拭目可待。余曰："此事敝邦尚难希望。教育不能普及，人民无学识以任事，一也。在上者未知奖劝之道，提倡补助无法，二也。敝邦地大，中央政府几乎不能统属，官吏能言而不能实行，形势散漫，三也。现今为议论时代，而非改革时代。举办一事，知者一二，不知者七八。年老顽固之徒，且从而尼之，以至各事无效果之可言，四也。一般学生，年轻气浮，无办事资格，五也。亦尝有游欧美及贵邦回国之良学生矣，而大吏未必能用。用矣，而不能令其展布，事多掣肘，六也。二十世纪竞争时代，敝邦已不能国于地球之上。如入赛马场然，瞠乎在后。如登舞台然，徒旁观袖手而已。有心者无力，有力者无心。殊可叹也。雄飞之期，不知何日。"

凑川神社 十九日 仍泊神户。又登岸往游凑川神社。社为日本忠臣楠木正成之祠堂，右辟花园，中有伊藤侯爵铜像，左植木鸟居数座。内绕短墙，门扃不可入。门前有铜牛一。社中广地，趁集场之小贸易殊多。盖日本名臣首屈楠、菅，每与日人剧谈，恒以此夸示，亦如吾国之武乡、武穆然。菅公祠闻在筑前国，因出社遍游市中各地。汽车轨道，直贯市中。市后依连岭渐高，即中山手町之后也。至街尽处，俯览海波。浴日晶莹，一望无际。帆樯轮舶，历历可数。右为须摩，相距仅汽车数十分时。闻此间名胜甚多，以时促不及往返。遂觅来路归舟。

32,10,20

二十日　早十时，发神户。少时过须摩之鹰取驿。滨海松林蓊翳，中有亭犀，翛然为之意远。又少时过明石。内海至此，分道为三：一为横滨来路；一向右，盖至浦盐斯德者；一向左，即至下关之航路也。群岛出没波间，大小不一。日光耀波，恍若浮荡。

浦盐斯德（海参崴）

二十一日　晨，抵下关。大雾蔽海，不可了了。少时晴霁。群山环抱，如锁如齿。停轮数时，见有小轮拖煤四艘，分左右起卸轮中。午后一时启碇。

二十二日　早抵长崎。由小舟登岸，往梅香畸町五番地升昌裕，重访周钱二君。钱已回锡，即在号午餐毕，往访苏君道生之居，晤谈偶及日本征收居留商民之家屋税事。盖昔年英美德法俄及吾国之居留民所购各地，既收永贷税，即不应更征家屋税。自明治三十二年起，日政府谓杂居之外国人，已照本国例同征营业所得等税，即应同纳家屋税。遂于是年加征。西人不服，移案于海牙平和会开国际谈判，决此为不法税。二十九年十月，天皇诏书发表，命将历年所收各国家屋税退还，而独于吾国则否。惟自此年起，即不向华商征收。然今既不征，则前此即应全退。合计七年中，吾国之居留横滨、神户、大阪、长崎各埠华商，年出家屋税四万馀元，共有三十馀万之巨款。何独厚于西人而薄于吾国？日人谓甲午未失和之前，华人未优待日人，故今不能优待华人。然吾国既以最优等国遇日，而日于吾国则否，是岂可以不争？中日马关之条约，今年四月期满。或有参改，有六个月内决议通过一条，逾

华商争还家产税情形

"群内"原作"群肉"

时作罢。今届期满，群内禀诸公使，则云须会集征税收条方能开议。然事阅数年，即有收条，华商或已回国，或又他往，其势断难会集。倘一任推诿延宕，失时不可为矣。余闻是言，愤堂堂公使不能据理力争，且并应得之权利，一切放弃，视华商身命若赘疣，无怪外人之遇事薄视也。因告其回国后托中外日报馆代鸣不平，藉图挽救。遂别。

华商呈驻日钦差禀

附录长崎华商呈驻日钦差禀：

敬禀者：窃商等伏读钦宪函传外务部复钦宪一电，蒙外务部暨我宪台已允向驻华日使及日本外部商改税则，与各国一律。闻命之馀，不胜感幸。窃查协定税，各国亦不一律。英、法、德皆有协定专约，其馀各国，则陆续立约，利益均沾。中国来货，与欧美各国不同。若仅援利益均沾之说，则彼条约所载，非我所有，仍不得受其利益。今宜查明我国近十年可发达出口及日本所需之货，分为条目，与之立协定专约，方为有益。再查光绪二十八年，我国与日本所定续约，系为加税免厘而设，似与旧约无涉。此次约满，重在改约。约可包税税不能包约。我国吃亏，不止税则一项。现在当争者：一、最惠国，二、利益均沾，三、领事优遇特权，四、协定税，五、华商在日本所纳一切税额，不得过于其内国人及最惠国。并将现在我国居留台湾商民，日本对之如何看待及我输入台湾之货，如何征税，亦宜增入。商等亦知宪台身膺艰巨，时局未易强求，然各国虎视鹰瞵，愈让愈受其要挟，且各国无半面条约之理。如日本人与我订其入口税，而我未与彼订我之入

32,10,22

口税。我允待以最惠国，而彼不允待我以最惠国，是即所谓半面条约。既曰半面，仅可谓为日本与我有约，我与日本无约，可矣。如此外侮叠乘，伊于胡底？商等身同困辙之鲴，积久待舒。情急势孤，不得不沥胆披肝，再为干冒哓渎。伏乞宪台大力挽回，并咨请外务部量予力争。感荷鸿慈，如同再造。临颖不禁惶悚待命迫切之至。

又　上海中外日报馆论留日华商请杨公使力争家屋税事： 报论驻日华商之请

驻日公使杨京卿，自到任后，其声誉如何，留东士商，当有公论，不烦赘言。惟近时因家屋税一案，寓日商人，对于杨京卿颇有不满之意。华商之苛求京卿耶？抑京卿之负此公使也？然其不能保护商民，争执权利，则固万无可辞。夫国家简派公使，其责任固甚重；商民之对于公使，其期望亦至深。今若徒有拥皇华、称钦差之荣耀，而于应争之事则不欲争，可争之事则不敢争，坐使本国之商民，受主国之待遇，与他国异，而且同处　隅之地，乃较诸各国之商民，其所享之权利，显有天壤之殊，则不公使之咎而谁咎哉？固无怪商民之有觖望也。 家务税案

先是，日本当明治三十二年间，曾向居留日本之外人，于永贷税外，又收取家屋税。外人不服，争执甚力。近乃由海牙平和会议决，以为不应收取，其由明治三十二年至三十七年已收之款，应一律归还。日本既已照议办理，独华商所纳之税，乃不在归还之列。就横滨、神户、大阪、长崎四埠华商计之，所纳税实在三十万元以上。华

商见日本政府，以公道待各国商民，而独歧视华商也，意甚不平，往商日本辨护士某君。某君曰："是可据理以争也。一、中国商民，应与各国商民，一律看待，不应有归还不归还之殊；二、家屋税一款，今年固未向华商征取，是此税之不应收受，日本已经默许。夫既已免收于后，则以前所收之款，自当归还，又奚疑焉？"华商当据以告杨京卿，请与日本外部理论。乃杨京卿意不谓然，其对答之词，有足令人怪讶者。今若形诸笔墨，见诸报章，将不免为外人所讪笑，动商民之感愤，非执笔人所愿出也。华商彼时，又援公理公法以相争，坚请不已。杨京卿无如何，乃责以将当时之收据，检齐呈缴，方可持与日本外部交涉。然此数年内，华商之纳税者，或已归国，或徙至他处，或已死亡，安能一一将收据检呈？且日本归还各国商民之税款，固未尝责以检呈收据也。杨京卿之为此言，盖有意以难华商也。

记者曰："呜呼！今之奉国书、衔皇命、涉重洋而任公使者，其数已以七八计，其能无歉于公使之职任者鲜矣。夫公使固以保护商民、力争利权为职者也。故各国公使之在中国，其于本国之商民，保护至力，应得之权利，争执不已。虽在细故，亦必惟力是视，断断相争，不肯稍让。今若坐视商民之欺绐，而不能尽力；坐视利权之损失，而不能与争，则有公使与无公使等，又何用此公使为？若自度力有所不及，则陈力就列，不能者止，古有明训，为公使者岂其未闻？此不能不为诸公正告者也。若第

32,10,22

以酬酢与国、联络邦交、为尽公使之责任，则揆诸朝廷特简、商民仰望之本意，窃恐去之远矣。”

又　长崎商会苏君道生来函：

客月台驾过崎，得聆教益为幸。家屋税事，前蒙即登中外日报，震动钦使，嗣得其向日本外务部竭力说项。今已准与欧美一律归还华商，还期在于新历下月中。度必可如华商所争之愿矣。惟是饮水思源，此事皆出阁下之鼎力。衔感者不特弟一人，即羁留日本之全数华商，靡不感德于靡既也。兹以崎埠所载家屋税归还之日本报纸邮呈，至请察鉴，以昭实迹。倘欲侦探东方之事，希即示晓，弟当效力也。

以上第一件系回国后，托中外日报馆登载之件；第二件系中外日报馆专为此事所著之论说。该馆热心公益，极力鼓吹，意殊可感。卒之杨公使惧为舆论所不容，勉从众商之请，得向日外部争回此款。第三件即长崎商董苏君之致函也。适是卷付印将毕，因附入之。

二十三日　舟中无事，将在东调查所得学务要件，列二表如下：

日本全国各学校现今所聘之外国教员总表

日本各校聘用外国教员表

校　名	人员	所授学科	出身国名	月　俸	契约年限
东京帝国大学法科	4	德法英法科经济及财政	德美各一瑞典二	675元 635元	六年3人 三年1人
东京帝国大学工科	2	机械工学 造船学	英	675元 625元	三年
东京帝国大学文科	4	法语 哲学 德语 英语	法俄德英	300 500 550 675 元	六年1人 三年3人
东京帝国大学农科	2	农艺化学 林学	德奥	550元	三年 二年
东京高等师范学校	2	美英	美英	350元	三年
广岛高等师范学校	2	英语	美	270 300 元	三年
东京高等商业学校	6	英语商业学清语德语	比清德瑞各一，英二	275 450 100 250 元	五年1人 三年5人
神户高等商业学校	2	英语商业学	美	300 400 元	三年

32,10,23

续表

校　名	人员	所授学科	出身国名	月　俸	契约年限
长崎高等商业学校	6	韩英德清俄各语科	韩二，美俄清德各一	60 75 100 元 120 300	三年
山口高等商业学校	3	韩清英语	韩清美	70 100 元 250	一年 2 人 三年 1 人
第一高等学校	3	英德罗甸法语	英经法	300 270 元	二年 2 人 一年 1 人
第二高等学校	2	英语	英	300	三年
第三高等学校	3	英德拉丁语	美二 德一	300 元	二年
第四高等学校	4	德拉丁英语	英德各二	250 300 元 270	二年 2 人 四年 1 人 三年 1 人
第五高等学校	3	德英拉丁语	德二 英一	300 元	六年 2 人 三年 1 人

续表

校　名	人员	所授学科	出身国名	月　俸	契约年限
第六高等学校	3	英德拉丁语	德二 英一	350 元	三年 五年各 1 人 一年
第七高等学校	3	英拉丁德语	英一 德二	300 元	二年
东京高等工业学校	2	机械实习 染织	美德	300 350 元	三年
大阪高等工业学校	1	机械科实习	英	300 元	三年
东京外国语学校	7	法韩清德英俄意各语科	法韩清德英俄意	300 100元 250	六年 2 四年 1 一年 1 三年 3
东京音乐学校	1	ウ尸イヨリンセロ 管弦合奏	美	400 元	三年
东京府立第一中学校	1	英语	美	50 元	每一年更改

32,10,23

续表

校　名	人员	所授学科	出身国名	月　俸	契约年限
东京府立第二中学校	1	同	同	75 元	同
东京府立第三中学校	1	同	同	50 元	同
东京府立第四中学校	1	同	同	50 元	同
东京府师范学校	1	同			

日本历年派遣游学人员定额

日本派遣游学员数

三十四年度派遣　三十九人

三十五年度派遣　四十七人

三十六年度派遣　三十五人

三十七年度派遣　十二人（因日俄战争减派）

三十八年度派遣　十七人（同上）

三十九年度派遣　三十七人（为本年十一月十九日派遣者）

以上派往德、英、美、奥、匈、瑞士、俄等国游学者，每年学费千八百元，清国千二百元，韩国千元。

观以上二表，知日本现今学校中虽尚延聘外国教员，然除大学各科外，皆商工语言音乐各科耳。大学各科，非有极深研幾之素学，不能膺讲师之选。是以所聘均系欧美名家，远涉重洋，自非月俸较昂不可。其他则自数十元以至三四百元不等。因思吾国各省办理学务，延聘教员，薪资皆以二三百两为普通数，一切川资各费，亦动辄数百计。曾记南皮张中丞问予以所办小学教员之薪俸，何以独廉，予谓延聘日本教员，当询其曾卒业何校、得何文凭、任何职业、在本国得何薪俸、今加几何可矣，故无过当之值。至其川资各费，事虽微末，亦须与之逐一核算。自东京至津或至晋，均以二等计。或因人地生疏，酌加若干，自无虚糜。今各省因延聘教员，往往派专员赴东，由钦使转达日本外部与文部省。而该员又故矜声气以相夸尚，则聘金安得不昂？自奉既奢，所聘教员必不能薄待，则川资各费又安得不厚？至其学业或有高下，则文凭具在，必不能因昂聘而较优也。夫各省官场，既惟知优厚聘金，延任教育，其果能获益于外人犹可说也。而一般之督办提调，不学无术，积习甚深，茫然不知教育为何事。而与外人所订合同，于督办权限一条，必最注重，意必如此始可箝制外人也。于是教员偶有所见，欲图改良，恒为权限所域，不便越俎。官场既竞尚敷衍，外人亦何乐不为其逸哉？此其縻款费时、久而无效之原因也。

至日本派遣之外国留学生徒，在明治初年，因教育程度尚浅，曾分初等上等各种。然初等者必卒业于中学，上等者必卒业于大学。嗣后逐渐进步，遂专派遣高等卒业生

32,10,23

徒，分往各国留学，就预算之定费，限以名额，认定学科。如表中所志者是。学成归国，各就官费学年之多寡，分别而责其在本省尽义务若干年，担任教育，别给俸金，令分年偿还官费原数。若推若挽。立法之善，无逾于此。而于学生就学中监督之法规，尤为正当美备。在东时曾晤高等女子师范教员之井口吾缲君，即受官费派赴美国，学习专门体操，卒业而归任义务者。当时仅派彼一人，抉择既精，收效自大。计所费不过一井口之资力，而此数年义务中，不难使人人皆井口。因思吾国官费赴东留学者，虽语言与初级之学，犹未能备，多有抵东后循序补习者。试思在东一人之旅费，至少在三百元以上。而每省每回必派遣数十人之多。省省计之，岂在少数？縻款如此，所学如彼，岂内地并此初级与语言之学校，犹必假手外人乎？即云校无足恃，而各通商口岸，大可兴办一留学预备之校，汇数千百人于是，学成然后派遣。则在内地学膳各费，每年至多不过百元，亦何必定縻此巨款，以授外人，而所得乃不过初级与语言之程度也。要之中国之派遣学生，与学生之就学异国，其目的皆仅在“出洋”二字。是以派出后，既无良善之规则督其进业；学成归国，又不能用当其才。种种背驰，欲南其辕而故北其辙。在东时曾遇某日人谓予曰：“贵国每派留学生，动辄数百，动费数千数万，信乎地大物博，为力甚易。然年年如此，省省如此，意必于学务前途，有蒸蒸日上之趋势。而每级内地学校，依然科举之形式。在东学生，每无根柢。恒有学业未成、匆匆

中国派遣学生，学生就学异国，目的仅在“出洋”二字

返国者。实不知贵邦办学诸公，命意之所在也。”予闻是言，惟有汗颜相对而已。

又检得在东濒行时，与学务课长涩谷元良君话别之问答，补录于后：

与涩谷元良笔谈

涩云：“远来敝邦，热心调查各般之事，诚意可瞻。弟辱知遇，自今不绝交谊，时时互通信。天时正向低寒，请为邦家自爱。”余云：“感谢厚意，不敢有忘。”又云：“敝邦常有以无根柢之学生，来贵邦学最短促时间之速成师范，回国主任学务者甚多，贻害不堪设想。且近查学生之在贵邦者，又多转校。今日入此校，明日入彼校。费时耗财，而无实益。毕业时其程度常与贵邦学生悬异，未知此后能不轻与收入、不轻与退校、且于卒业时、必考试正确而始授与文凭、贵邦文部省能监督及此乎?”涩云：“贵邦留学生中，薄志失行者不鲜，往往朝在甲校夕趋乙校，且相率而呼酒蓄妾，不堪其弊。然不能独罪留学生也。学校经营者，下宿业者，其他之商户为利陷学生者有焉。顷日我文部省选私家学校中确实有信用者，命为正确之教育，已通知于贵邦大使。今后斯校之外，不绍介贵邦学生。则庶几有为之学生，不误前途乎。尚请贵邦留学生监督，与我文部省知照协议，相与拥护学生之方向为幸。”余更问以近今日本各校、课授汉文语之情形，涩云：“本邦中学校，虽课国语及汉文，惟去今十年前，汉文之教授时间，逐渐减少，而增英语（讲读作文译解会话习字）、数学、理化学之时间。故解汉文之学力甚乏。

32,10,23

是以教育社会，以汉文学习之难、与不足实用，皆排斥汉文。至近时有志渡贵邦者年年增加，于是官立外国语学校之清语科及其他私立学校入学希望者，遂增其数。”涩又云：“执事爱国之气，溢于情辞。郁积蕴酿，他日发为烂漫之春花，终得善果。敝邦去今四十年前之国情，恰似今贵邦之情态。顽固守旧辈左右朝权。当时志士仁人，起论世界之大势，唱国是之统一，上下反目。名士罹毒刃，大官遭暗杀，各种状况犹映于眼帘。深望贵邦于今日速立中兴之基本。且愿归乡后，于所管之新闻纸上，多为活跃之论说，以警俗论启群盲导世道民心为唯一之目的也。”（馀略）

二十四日　早，抵上海三菱公司码头，呼车运行李登车。

到晋后与日本高桥昌君笔谈。

高云：“先生游敝邦，观察所得，利害胥映于眼帘。与高桥昌笔谈
依先生之献策，于山西之官民，所得盖大矣。可庆可庆！”余云：“调查甚非易事。弟学识浅陋，未能得真相于万一。愧甚愧甚！然弟必有条陈上于恩抚台，抚台亦极有整顿一切新政之意。惟患无办事人耳。”高云：“现今山西之为政者，不似往时，意已在于新政。先生之言论，必有影响。仆等系望于此矣。”余云：“敝邦官吏无久于其位者。更易频烦，权不统一。故开办之事多，收效之事少。且以素无经历之人办事。故各省新政均无效果。山西此后有所兴办，情形亦相同也。”

附录

日本文部省视学官制

日本多田政固译

日本现在视学之官，有五种：曰文部省专任视学官（不兼任他官）、曰文部省兼任视学官（由他官兼之）、曰府县视学员（现在改称事务官）、曰府县视学、曰郡视学。今将文部省官制，揭于下： 视学之官有五种

文部省官制（节译）

第一条　文部大臣者，管理关于教育及学艺之事务。

第四条　文部省内置左之三局：

专门学务局

普通学务局

实业学务局

第七条　文部省内置专任视学官五人，为奏任。

掌学事之视察。又属于各局，而掌其事务。

此专任视学官者，分日本全国为五部，各主视察其一部之学事。每年一次或两次派遣，以巡视其部内之府县。无论小学教育、实业教育、专门教育，凡关系教育之事项，均详密视察其情况，而复命于文部大臣。

兼任视学官，有由书记官兼任者，有由参事官兼任者，又有由图书审查官等兼任者，不定其人员。此视学官者，派遣于府县极稀也。概常在省内兼掌视学之事务。

又时有特派大学教授，若高等师范学校教学等于府县，令观察实业教育及专门教育之情况。

以上视学官及大学教授等巡视之川资，皆于文部省预算定额内办给之。

府县视学官，有视学之官（现在改称事务官）视学及郡视学。今先将地方官官制揭于下：

地方官官制（节译）

第一条　于各府县　置　之职员

知事、书记官（现在改称事务官）参事官（同）视学官（同）技师　典狱

属　视学　技手　警部　通译　监狱书记看守长

第十六条　于各府县厅内　置　之部署

　内务部　警察部　监狱

第十七条　内务部内置五课　以分掌事务

第一课　第二课　第三课（掌关教育及学艺之事务）

第四课　第五课

第二十三条其二　视学官者，承上官之命，为内务部第三课长。

第三十二条其二　视学者，承上官之指挥，以从事于学事之视察及关学事之庶务。

第三十九条　置郡职员　如

郡长　郡书记　郡视学

第四十二条　郡长者，关行政之事务，指挥监督其郡内之町村长。

第四十八条　郡视学者，郡置一人为判任，承郡长之命，以从事于学事之视察及关学事之庶务。

凡日本地方行政之机关，府县之下，有郡及市；而郡内又有町村。人口约二万以上之都会，现在概为市。市者自治区而直接于府县，不受郡长之指挥监督。惟市无视学之吏，府县视学主视察其市内之学事。

府县视学官者，每府县置一人为奏任，常为内务部第三课长，而掌其府县一般之学务。又时巡其府县内郡市町村之学校。现在府县大小不一，故学校之数亦有多少。多至一千馀校，少尚有五六百校。因是一人之视学官，到底不能普视察之。于是乎有视学者，以专充视察之任。视学者，每府县有二人乃至三人，而每月一半在厅掌事务，一半巡视市町村，如斯二人交互以当其任。

视学官及视学月俸及川资，皆以其府县厅预算定额内办之。其额亦因府县之大小不均，川资一岁概为七八百元乃至千馀元。

地方视学职务规程

今将地方视学职务规程，揭于下：

地方视学职务规程（全文）

第一条　地方视学者，隶属于内务部，而从事于视察小学校及小学校令中所揭之各种学校等之务。

第二条　地方视学，应须视察之要项如

（一）关敕之主旨，实际能行否。

（二）教授及管理之方法。

（三）学校之编制（寻常科高等科单立若并立等）、教员之配置、学科课程之取舍择，及考试之情况。

（四）诸般之设备能整否。

（五）簿册统计表等整否。

（六）学龄儿童（自六岁至十四岁者）之就学及出席之情况。

（七）生徒学业之成绩及风俗之良否。

（八）学校卫生之情况。

（九）学校长教员及关系学年职员之执务情况。

（十）关学事会计及经费之情况。

（十一）关学事集会之情况。

（十二）关学事市町村一般之感情如何。

（十三）关系学事实际施行之情况。

（十四）除以上各项之外，特认为必要之件。

第三条　地方视学者，巡视时将左之事项得指示之于当事者：

（一）抵触于法令之明文事项。

（二）于府县厅、已经议决之事项。

（三）关教授法及管理法之事项。

（四）除以上各项之外，特承知事之命令事项。

第四条　地方视学者，得查阅学校及郡市町村衙署之簿册。

第五条　地方视学者，当视察之时，令当事者变更规定之时间，以得于随时令为教授，为休止。

第六条　地方视学者，当视察之时，得求当事者之参席。

第七条　地方视学者，关于学事，得求说明于当事者。

第八条　地方视学者，得考试生徒之学业。

第九条　地方视学者，须详具视察之情况，且附自己之意见，以复命于府县知事。

郡视学者，每郡置一人。其月俸及川资都以府县税办之，其额各府县不均一。月俸概自二十五元至五十元，川资每一年自二三百元至三四百元。约每月一半在衙内执事，一半出巡视小学校等为例。其职务规程，府县知事须规定之。因是各府县皆有规程。而其条项与前揭之地方视学职务规程大同小异，故今不赘。

又于府县，除以上视学官视学及郡视学之外，时令师范学校长，视察其府县内小学校教育之情况，是于教养师范学生有紧要之关系也。今将府县师范学校官制节译于下：

府县师范学校官制（节译）

第一条　于师范学校，置左之职员：

学校长　教谕　助教谕　舍监　训导　书记

第三条　学校长者，承府县知事之命，掌理校务，统督所属职员，兼视察其府县内关小学教育之学事。

日本褒赏法制

日本褒赏法制

日本从来有旌表忠孝节义等诸笃行者之制典。至明治维新，更大奖励之。当时已有对于捐私财建设学校者、褒其笃志以金杯银杯木杯或褒状之制。降至明治十四年，始制定褒赏条例，特设赏勋之一局，以掌专授与褒章之事。

赏勋局掌专授与褒章之事

褒章有三种：曰红绶褒章、曰绿绶褒章、曰蓝绶褒章。红绶褒章，系赐于不顾自己之危难救助人命者；绿绶褒章，系赐于孝子顺孙节妇义仆等德行卓绝及精励实业可为众民之模范者；蓝绶褒章，系赐于关学术技艺上之发明改良著述、教育卫生慈善防疫之事业、学校病院之建设、道路河渠堤防桥梁之修筑、田野之垦辟、森林之栽培、水产之繁殖、农工商业之发达，凡能兴公众之利益，而其成绩显著者，又勤勉于公同事务，而其劳效显著者之制也。

褒章

右蓝绶褒章，特限于成绩劳效之显著者褒赏之。故如为公益寄附金谷财产于学校、其他公同事业以补充其经费者，则别有赐金杯银杯木杯褒状若金元之制。其标准概如下：

十元未满	褒状
十元以上一百元未满	木杯一个
一百元以上五百元未满	木杯一组（以三个为一组）
五百元以上二千元未满	银杯一个
二千元以上五千元未满	银杯一组
五千元以上万元未满	金杯一个
一万元以上	金杯一组

赐木银金杯

以上三种之杯，因金额之多少，各有差等，且皆有皇室菊花之徽章。故受此杯者，深以为光荣。

如系一郡一市一町村或数町村或一团体之寄附，则赐其赏杯于一郡市町村等之团体。

人民中有应赐褒章者，则府县知事先禀申之于主务大臣（关于学事则于文部大臣，关于农工商之事则于农商务大臣之类），主务大臣审查之，而更禀申于赏勋总裁。于是总裁详密审查，而后上奏乞裁可也。但赐木杯若褒状之事务，府县知事决行之。

教员以官吏待遇之

凡公立学校教员者，都以官吏待遇之。故其月俸，虽由市町村支办，至其任命及罢免，则府县知事专行之。以不令市町村关于此事为法，即与文官武官，无敢异也。因是亦与文武官均有退隐料（养老金也）及扶助遗族料之特典，即凡市町村立小学校教员，如在职十五年而退职，则给终身退隐料（本俸四分之一）；如本人死亡则尚给之于其遗族（妻子父母等），但更减其额。又在职十五年以上未及受退隐料而死亡，则亦给扶助料于其遗族。如未满十五年而退职，若死亡则亦俱有赐金元之制。

恩给基金支办教员退隐料与扶助料

右退隐料扶助料等，都以府县小学校教员恩给基金支办之，是为特别会计。各市町村为充此恩给基金，每年须纳教员俸额一百分之一于府县，政府亦每年以市町村所纳之半额交付于府县。而此基金者，只准支销其利子，而不准支销原金。现在各府县如有未充实之情况，则须以府县税补足之也。

又有小学校教员年功加俸之制，即小学校教员如在于同一府县内、职超五个年，而其成绩佳良，则每年特加俸给二十四元。又在职于单级学校者，每年特加给若干元。

日本政府亦有教育基金之设备，其额一千万元，每年以其利子五十万元，颁与之于府县。一府县多至一万馀元，少至数千元。而府县知事者，得文部大臣之认可定章程，专以充用于奖励教育之经费为法。其章程府县虽各有多少之异，概以赏与图书器械文具等于小学校及教员生徒市町村关系学事吏员等为例。间又有赏与金元于极贫穷而能令其儿童就学者，俱于奖励教育之效果不为鲜少也。然自日俄战后，政府中止此事，姑不颁与于府县。

凡拟为小学校教员者，必须受府县知事之允许证。故师范学校卒业生，则据该学校长之禀请，府县知事直不须考试授与允许证。若夫不卒业师范学校者，则必须合格于一定之考试。此考试者，府县知事特命委员举行之。合格者，则授与允许证。此允许证者，唯于其府县内得为教员，不及于他府县也。已一受此允许证而为小学校教员，尔后在职十馀年，其成绩显著，则府县知事禀申之于文部大臣，文部大臣更审查而认以为佳，则与以优等允许状（曰普通免许状）。此允许证者，不论日本全国何地，均有允许之效。故小学校教员殊以得此证为荣誉也。

教员允许证

回顾距今二十三年前（明治十五年），文部省内特置褒赏课，每年一次，令府县知事，精选其府县内诸般设备完整之学校、劳效显著之教员、学业优等之生徒，达于文部大臣，文部大臣更审查之，乃授与理化学器械图书等于学校、图书砚台等于教员、文具等于生徒，皆有等差。（自一等赏至五等赏）此事当时大奏奖励之效果，然仅二年即中止。可惜也。

又现时府县中，有以其府县税，褒赏其府县内小学校教员生徒及关系学事町村吏员者。府县知事，即先令市长或郡长，调查其市郡内小学校教员之勤勉职务者，或数年间劝续于一学校者，或其成绩卓绝佳良者、生徒之学业优秀者，或品行特善良者及市町村吏员之勤勉其职务者，以禀申于知事。知事更审查以行赏。其赏品概为图书文具金元木杯等。而此等经费大概一府县每年以一千馀元乃至数千元支办之。

又有竞争试验者，集数校或十数校之生徒于一场，而以同一问题考试其学力。得优秀之成绩者，则与赏品旌表之。此事一时大行于都鄙，然刺激儿童之脑力精神过甚，现今行之者殆稀也。

教育品展览会

近年或一府县或一郡或数府县数郡市数町相谋，往往有开教育品展览会者。此事业概系于私立教育会之所经营，而以府县税郡税市税町村税补助其经费。其出品者，在教员则教授用器具之新案、改良、绘画、地图、论文及统计等，在生徒则各学科考试之答案、作文、图画、练字、裁缝、手工之成绩等，各出陈之，而特令委员审查判定其优劣，以旌表优者，授与赏品。此事颇有效果。

以上所述之凡小学校诸般设备之整否、小学校教员之有否勤怠、生徒学业之优劣、品行之良否、市町村关系学事吏员之勤怠等，平常视察之，实视学官视学及郡视学之责任也。故府县知事，方行褒赏于此等者，有所资于视学官视学等之审查复命，固不待言也。

日本小学校法制

日本小学校法制

凡儿童年龄自六岁至十四岁者，谓之学龄儿童。保护儿童之父母兄姊等，谓之儿童保护者。而此保护者，负使其儿童学龄间必就学之义务。故市町村长，每年调查其市町村内之儿童，须作学龄簿。（记载儿童姓名生年月及保

学龄簿

护者姓名住所等）尔后如有儿童之转移死亡等，则速订正此学龄簿。而每年春季，市町村长，据此学龄簿，将宜令就学儿童之姓名，通告之于保护者及小学校长。小学校长接此通告，则速作学籍簿，（记载儿童姓名住所生年月及保护者姓名与儿童之关系等）保护者接此通告，如不

使儿童就学，则小学校长须将其姓名通告之于市町村长。市町村长接此通告，则督责保护者，督责再三尚不就学，则市长须通报之于府县知事。又町村长通报之于郡长。知事郡长接此通报，则对于儿童保护者，戒告宜速履行其义务。而保护者尚不肯，则据行政执行法（法律之名强制法也）直强行之。而其所要之诸费，皆使保护者办之。保护者如不肯，则据征收国税法（法律之名亦强制法也）公卖其财产偿之。虽然，现在寒村僻邑亦能知就学之义务与利益，保护者不履行义务者极少。盖未闻有据行政执行法强行之者也。

但儿童如有疾病，若保护者极贫困者，则姑限年月，准缓就学之期。又儿童如不具者，则免其义务。

凡小学校教员者，既以官吏待遇之即有恩俸法（退隐料及扶助料）、年功加俸法、普通允许证之授与等诸特典，故亦有惩罚之制。凡小学校长及教员，如有违背于职务上之义务者，又或有不论职务之内外污辱体面之行为者，则府县知事惩戒之。惩戒之法有三：曰谴责、曰减俸、曰免职。谴责者，以戒其将来；减俸者，因其情状之轻重，自一月至二年以内，每年减杀其月俸额若干（月俸三分之一以下）；免职者，直罢免其职务也。又因情状，时或命转职，或命休职。又府县知事，特得文部大臣之允许，则不由惩戒法，得免其职。然此事甚稀。已受恩俸若加俸者，如被惩戒则因其情状之轻重，或停止之，或全失其权利。又因惩戒法、被免其职，则尔后二个年间不

小学教员官吏待遇

惩罚之法

许复为教员。至其情状重者，则并褫夺其允许证，永不许为教员。其他受禁锢之刑，或有害信用及害风俗之犯罪者，或负债山积受家资分散之宣告者等，则命停止其业务。如其情状较重，则并褫夺允许证，不许复为教员也。

又公立小学校长及教员者，非得府县知事之允许，则于学校所在地外，不许住居，又不许营商业，且不许有被选举国会议员之权利也。

市府吏员惩戒之法

市吏员，如有违背于法令，或不履行其职务，或不遵守命令者等，则府县知事惩戒之。惩戒之法有二：曰谴责、曰过怠金。谴责者，戒其将来；过怠金者，因其情状之轻重不均，然不得一次超二十五元。又町村吏员，亦如有违背于法令，或不履行其职务，或不遵守命令者等，则府县知事郡长惩戒之。惩戒之法不异，但郡长科过怠金不得超十元者，是为异耳。

凡小学校所要之经费，以市税町税特税支办之。间又有征收授业料者（授业料现时不征收），而市町村现下尚少也，故征税以办其经费。因是如有怠纳其税金者，则再三督促之（督促每时另征其费）。尚不纳，则据征收国税法之规程，公卖其财产以偿之，不纳授业料者亦同。

以上视察要项、奖励法及惩罚法等，仅不过记述其大要，且均系于小学教育之制度。然如中学校、高等女学校及实业学校等，亦大同小异，故从省略不赘。

帝国大学医科部（节译）

医科大学，内分医学药学二科。医学科课程四周年，就四年而分学生之阶级。药学科三周年，就三年而分学生之阶级。每年中各分为三学期。医学科第一二年，于各科中重于解剖学、及解剖学实习、病理解剖学实习，间及组织、生理、医化、药物、处方、诊断、妇人科各学，与其他病理内外科各论。第三四年，于各科中重于各种病症之临床讲义，间及产科、妇科、眼科、卫生、法医、精神病、霉菌各学与绷带、检眼镜、手术各实习。 医科大学分医学、药学二科

药学科第一年，重于分析术实习、制药化学实习、植物及显微镜实习，旁及药用植物、药化、植物解剖各学。第二年，重于植物分析法实习、生药学实习、制药化学实习，旁及生药学、裁判化学、卫生化学。第三年，重于药局方使用法实习、裁判化学、卫生化学、调剂学各实习，旁及有机体攻究法、调剂学。 药学课程

医学科试验，分为二期：第一期在第二年终，第二期在第四年终。第一期试验：（一）解剖学，（二）生理学，（三）医化学，（四）药物学，（五）病理学，（六）病理总论。各以二时间，抽签发一定数之问题，令就死体及标本等，以笔记及口述为答案。第二期试验：第一种，（一）病理解剖学，（二）内科学，（三）外科学，（四）产科学、妇人科学，（五）眼科学；第二种，（一）卫生 医学科试验

学，（二）法医学，（三）精神病学，（四）小儿科学，（五）皮肤病学、霉毒学，（六）耳鼻眼喉科学。其问题答案略如前，惟除病理解剖卫生学二者外，皆须由试验员抽签，以患者各一名，限时当面诊断，将病历、现症、诊断、鉴别、预后、疗法等，口述之。

药学科试验

药学科试验，统于第三年卒业后举行之，分为三种试验：（一）笔答，（二）实地，（三）口头。笔答试验，各科为制药化学、生药学、调剂学，于三十分间应答毕。实地试验，各科为分析术、药局方使用法、制药化学、调剂学、裁判化学、卫生化学各实习，就中药局方及裁判二者，试验员预以二药品验知成分及分量，令其测定；于制药分析二者，亦以二药品，令其制造与检出成分；调剂则各令调制三问题之制品。口头试验，各科为生药学、药用植物学、有机体考究法、裁判化学、卫生化学，就中于生药则举十枚以上之生药，令说明名称性质应用等；药用植物，亦举十枚以上之药物，或类似之植物，令说明之；有机体则就化合品之造法应用，令之分类及说明新发见有机体构造之考究；裁判则就中毒及毒杀之可疑，问其检查物件及血斑等各法；卫生化学则试验员就于天气水土之试验法、饮食之检查法等。

选科及研究生规则

其选科生及研究生之规则：凡选科生入学一年终，须详记研究各事绩，呈主管教员检阅，并许使用处置患者诸器械药品等。研究生于医院从事研究，依主管教员及院长之命，负担助手之事务，又经院长及某科主任医之许可，得任用治疗各器械药品等以处置患者。

又设国家医学讲习科。其讲习科目，为病理解剖式、卫生学、法医学、精神病、日本医制及卫生法，期限四个月，额限二十名以上、五十名以下，授业费二十元。入此科者须有以下之资格：

高等学校医学部又旧高等中学校医学部卒业生

西京大阪名古屋医学校卒业生

旧别科医学卒业生

旧甲种医学校卒业生

复设各学科实验场，如：解剖学、生理学、病理学、药物学、卫生学、法医学、医化学、药学等，并整备实验必需之器品标本等。

大学中列品室

（一）解剖学列品室　内有：

解剖学列品室

骨学标本二百馀个　　韧带学标本六十五个

筋学标本四十六个　　内脏学标本百二十四个

五官器学标本九十七个　　脉官学标本百十七个

神经学标本百五十个　　局所解剖及破格的标本二百个

胎儿及初生儿三十馀个　　比较解剖学标本六百七十个

胎生学模型五种　　解剖学模型四种

各显微镜的标本若干　　本邦人头骨百馀个

本邦人全身骨骼百五十馀个

本邦人小儿骨骼四十馀个

骨盘三十馀个

虾夷种头骨及全身骨骼百六十馀个

各人种头骨及全身骨骼百五十馀个

（二）病理学列品室　内分

（甲）循环器系百二十七种

（乙）呼吸器系百八十九种

（丙）消化器系百五十种

（丁）泌尿生殖器系百种

（戊）脑脊髓标本十五种

（己）肿疡标本百种

附属医院

附属医院内分十区，别病室百六十九所，容施疗患者五百八人，自费患者百三人。医科分内科、外科、整形外科、眼科、产科、妇人科、小儿科、皮肤病霉毒科、耳鼻咽喉科、齿科、脚气病。内惟齿科无病室，设研究室以供学者之研究。又巢鸭病院之精神病、驹込病院之传染病以及东京市养育院之患者，均由本学担任，派医长医员以为治疗。其他尚附设产婆复习科于产科教室内，授业一年；设高等看病法讲习科，修业二年；及普通看病法讲习科，修业一年，以养成本院之看病妇长及看病妇。

其医药各科卒业之称学士者，逐年增加之数，以明治三十二年与三十八九年作比例式如下：

明治三十二年卒业称医学士者二十四人

明治三十八年卒业称医学士者九十三人

明治三十二年卒业称药学士者三人

明治三十九年卒业称药学士者十人

帝国大学工科部（节译）

工科大学。内分：土木工学、机械工学、造船学、电气工学、建筑学、应用化学、火药学、采矿及冶金学，九科。修业期限各三年。各科中学科，皆偏重于计画、制图，实验，三者占最多数研学之时间。每年亦各分为三学期。 工科大学内分九科

其试验规程，一课目之学期评点数，就平常从事之课业，以笔记之试验或实验等，由教员定之。一课目之学年评点数，以学期评点之平均数定之。学年诸课目评点平均数，从各课目之学年评点数各学科诸课目之轻重定之。以学年诸课目评点平均数六十点以上及各科目学年评点数五十点以上者为及第。不及第者，须自〔补修〕。 试验规程

其实习规程。学生须执实地之业，为工业上之审察，养成学理应用之智识，从事于本学及他所，受教员及主任教授之指导。或旅行实习于他所，可携带备用之械具，并与以报酬，及指定地之医员诊断书，又市町村役场之证明书等。其他又有施行竞争试验之例，因志望者多，名数溢额，定期试验，以为循次入学之次第。 实习规程

其诸学科实验室，由主任教授管理之。于机械工学实验室，为学生应用学理，与工学上之实验，使知诸机关之取扱力，又诸工具之使用法。备原动力之蒸汽、瓦斯热气，诸机关及其他发电机，强弱试验机、平削机、成形

机、剪断机、凿削机、钻孔机、压穿机、螺旋切机、展镳、动作计，及各种旋盘、锪、凿、錾等诸工具，且设木型场、锻冶场，就学生之意匠图案，供给其作为模型，或一部分之应用。而就于强弱试验机，试验各种材料，知其强弱。于采矿冶金室，凡关于试金术、造矿学、冶金携及矿物学诸科，各有特别之装置，如关于试金术，有マツレル炉、风炉、天秤及湿式试金用之各器械，以便施行干湿两种之试验术。关于选矿学，自数十具模型器械外，有ブレイキ式小型碎岩器、圆筛及跳汰器，以供选矿学实验之用。关于冶金学实验，有反对炉、竖炉、樽式及桶式混颁器，以为焙烧熔炼五金各矿石之试验。且得实地研究关于铁冶上之学理。其他复备有关于矿物学、吹管分析用之器具，以供学生学修识别之方法。馀如电气工学实验室、应用化学实验室等，各有特别之装置。

列品室八　其列品室八：（一）土木工学，（二）机械工学，（三）造船学，（四）造兵学，（五）电气工学，（六）建筑学，（七）应用化学，（八）采矿及冶金学。各列品室中，略举其概数。土木则有关于铁道、桥梁、运河、港湾、水道、下水等标本模型，共九十馀点。机械则有机械器具、蒸汽机关模型并试验强弱之度各材料标本等，共二千四百四十馀点。造船则有各种军舰、商船及舶用机关等之模型标本与参考图，共千五百十一点。造兵则有关于造兵学之各种模型标本与参考图，共五百七十点。电气则有关于电信、电话、电灯、电力，及一般之物理学各种模型标本并器械类，共一千七百二十五点。建筑则有内外家屋及耐震家屋之模型，并各标本画学用模型临本等，共四千八百六十馀点。应用化学，则关于此科之诸机械模型各种原料并制产品等之标本，共五千五十馀点。采矿冶金，则有关于矿物、地质、矿床、试金、探矿、选矿、冶金诸科之模型标本器械，共一万二千四百六十馀点。

日本全国学校统计表

大学部

东京帝国大学
- 文科大学（史料编纂处）
- 工科大学
- 法科大学
- 大学院
- 医科大学（附属医院）
- 理科大学（附属植物园及析木分园东京天文台临海实验所）
- 农科大学（附农业教员养成所）
- 附属图书馆

京都帝国大学
- 理工科大学
- 法科大学
- 大学院
- 医科大学（附属医院）
- 附属图书馆

高等师范及高等学校部

东京高等师范学校

广岛高等师范学校

东京高等女子师范学校

第一高等学校

第二高等学校

第三高等学校

第四高等学校

第五高等学校

第六高等学校

第七高等学校造士馆

山口高等学校

专门学校部

东京美术学校

东京外国语学校

东京音乐学校

千叶医学专门学校

冈山医学专门学校

金泽医学专门学校

长崎医学专门学校

仙台医学专门学校

高等实业学校部

札幌农学校

盛冈高等农林学校

东京高等商业学校
神户高等商业学校
长崎高等商业学校
东京高等工业学校　附属 官立徒弟学校 / 官立补习学校
京都高等工艺学校
大阪高等工业学校
名古屋高等工业学校

师范学校中学校高等女学校实业学校部（附儿童就学比例数）

东京　男女师范学校各一　中学校二十七　高等女学校六　农业学校二　工业学校一　商业学校五　徒弟学校一　儿童就学者百人中九十至九十五人

北海道　师范学校一　中学校四　高等女学校一　商业学校二　商船学校二　儿童就学者同上

青森　师范学校一　中学校五　高等女学校二　农业学校三　水产学校一　儿童就学者同上

秋田　师范学校一　中学校四　高等女学校一　农业学校一　工业学校一　徒弟学校一　儿童就学者百人中八十五至九十人

岩手　师范学校一　中学校四　高等女学校一　农业学校三　工业学校一　水产学校一　儿童就学者百人中九十至九十五人

山形　男女师范学校各一　中学校四　高等女学校四　农业学校三　工业学校一　徒弟学校二　儿童就学者同上

宫城　师范学校一　中学校八　高等女学校一　农业学校七　商业学校一　徒弟学校一　水产学校二　儿童就学者百人中九十五至九十九人

新泻　男师范学校二　女师范学校一　中学校八　高等女学校四　农业学校二　工业学校二　商业学校一　儿童就学者同上

福岛　师范学校一　中学校五　高等女学校一　农业学校一　工业学校一　儿童就学者百人中九十至九十五人

枥木　男女师范学校各一　中学校六　高等女学校二　农业学校一　工业学校一　商业学校一　儿童就学者同上

茨城　男女师范学校各一　中学校六　高等女学校二　农业学校二　商业学校二　水产学校二　儿童就学者同上

群马　男女师范学校各一　中学校八　高等女学校一　农业学校二　工业学校二　儿童就学者百人中九十五至九十九人

长野　师范学校一　中学校八　高等女学校四　农业学校五　商业学校二　徒弟学校一　儿童就学者同上

埼玉　男女师范学校各一　中学校五　高等女学校一　农业学校三　儿童就学者同上

千叶　男女师范学校各一　中学校十　高等女学校一　农业学校四　徒弟学校四　儿童就学者百人中九十至九十五人

神奈川　师范学校一　中学校四　高等女学校一　农业学校二　商业学校一　儿童就学者同上

山梨　师范学校一　中学校三　高等女学校一　农业学校一　工业学校一　商业学校一　儿童就学者百人中八十五至九十人

石川　师范学校一　中学校四　高等女学校一　农业学校一　工业学校一　商业学校二　儿童就学者百人中九十至九十五人

富山　师范学校一　中学校三　高等女学校一　农业学校二　工业学校一　商业学校二　徒弟学校一　儿童就学者百人中九十五至九十九人

福井　师范学校一　中学校四　高等女学校一　农业学校一　水产学校一　儿童就学者同上

岐阜　师范学校一　中学校四　高等女学校二　农业学校二　工业学校一　商业学校二　儿童就学者百人中九十至九十五人

爱知　男女师范学校各一　中学校五　高等女学校三　农业学校三　工业学校一　商业学校一　徒弟学校二　儿童就学者百人中九十五至九十

九人

静冈 师范学校一 中学校七 高等女学校四 农业学校九 商业学校三 徒弟学校一 儿童就学者百人中九十至九十五人

滋贺 师范学校一 中学校二 高等女学校二 农业学校二 商业学校一 儿童就学者百人中九十五至九十九人

三重 男女师范学校各一 中学校四 高等女学校二 农业学校一 工业学校一 商业学校一 徒弟学校三 商船学校一 儿童就学者百人中九十至九十五人

京都 师范学校一 中学校六 高等女学校三 农业学校五 工业学校三 商业学校二 儿童就学者百人中九十五至九十九人

奈良 师范学校一 中学校四 高等女学校三 农业学校五 工业学校二 商业学校二 儿童就学者同上

兵库 男师范学校二 女师范学校一 中学校八 高等女学校一 农业学校三 工业学校一 商业学校一 儿童就学者同上

大阪 男女师范学校各一 中学校十一 高等女学校四 农业学校一 商业学校五 儿童就学者百人中九十至九十五人

和歌山 师范学校一 中学校四 高等女学校一 农

业学校一　商业学校一　徒弟学校一　儿童就学者同上

鸟取　师范学校一　中学校二　高等女学校一　农业学校一　儿童就学者百人中九十至九十五人

冈山　男女师范学校各一　中学校七　高等女学校四　农业学校二　工业学校一　商业学校三　徒弟学校一　儿童就学者百人中九十五至九十九人

岛根　男女师范学校各一　中学校四　高等女学校二　农业学校四　商业学校一　儿童就学者同上

广岛　师范学校一　中学校六　高等女学校二　商业学校二　商船学校一　徒弟学校一　儿童就学者百人中九十至九十五人

山口　师范学校一　中学校五　高等女学校五　农业学校一　工业学校一　商业学校一　儿童就学者百人中九十五至九十九人

香川　师范学校一　中学校四　高等女学校一　农业学校一　工业学校一　商业学校二　徒弟学校二　儿童就学者同上

德岛　师范学校一　中学校三　高等女学校一　农业学校二　工业学校一　儿童就学者百人中九十至九十五人

爱媛　师范学校一　中学校六　高等女学校三　农业学校四　商业学校三　商船学校一　儿童就学

者同上

高知　师范学校一　中学校五　高等女学校二　农业学校一　商业学校一　儿童就学者百人中九十五至九十九人

福冈　男女师范学校各一　中学校六　高等女学校四　农业学校六　工业学校三　商业学校二　儿童就学者同上

大分　师范学校一　中学校六　高等女学校一　农业学校五　徒弟学校一　儿童就学者同上

佐贺　师范学校一　中学校四　高等女学校一　农业学校一　工业学校二　商业学校一　商船学校一　儿童就学者同上

熊本　师范学校一　中学校五　高等女学校三　农业学校五　工业学校一　商业学校一　徒弟学校三　儿童就学者同上

宫崎　师范学校一　中学校三　高等女学校一　农业学校三　商业学校一　徒弟学校一　儿童就学者同上

长崎　师范学校一　中学校六　高等女学校一　商业学校二　儿童就学者同上

鹿儿岛　师范学校一　中学校五　高等女学校一　农业学校二　商业学校一　徒弟学校六　儿童就学者百人中九十至九十五人

伊豆七岛　儿童就学者同上

冲绳岛　师范学校一　中学校一　高等女学校一　农业学校一　徒弟学校二　儿童就学者百人中八十至八十五人

小笠原岛　儿童就学者百人中九十至九十五人

千岛　儿童就学者同上

小学校部

共二万七千三百八十三所

幼稚园部

共三百九十四所

盲哑学校部

东京省立盲哑学校

其他

神奈川二所	山形一所
新泻一所	京都一所
静冈一所	大阪一所
长野一所	爱知四所
北海道一所	长崎一所
福岛一所	大分二所
鹿儿岛二所	

公学费岁出入三年比较表（二十八年与三十六年系进步之比较　三十七年因关于战后撙节之预算）

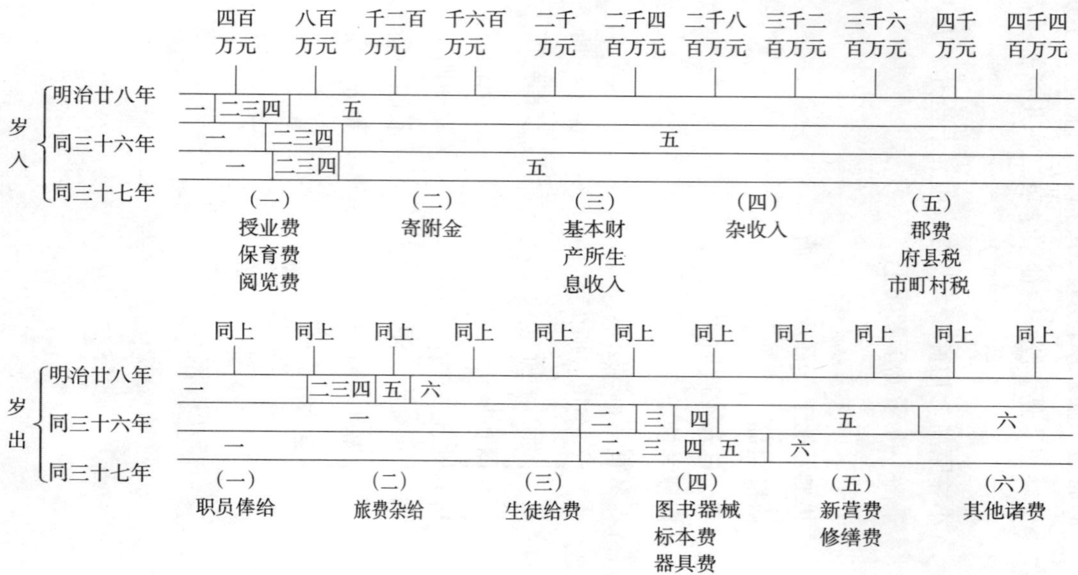

上恩中丞条陈山西兴革事宜禀

条陈山西兴革事宜

敬禀者：窃职道去年奉檄赴日本考查工艺医学。查日本维新初仿行西法，即从此二者入手，盖功效易见，权利可操，使国民咸知西法之可行，由是信用既坚，事轻易举。晋省风气锢蔽不开。宪台综挈纲要、循序以行，不谋而与日本初制吻合。钦服实深。职道在东两月，参观所及，凡有关于医工二者，已备志于日记，另册呈鉴，不更赘陈。兹就平昔所见及游历所得，凡可以资改良者，为我宪台条别陈之。

破格用人

一、宜破格用人也。人存政举古有明训。昔宋孝宗用魏公而息浮言，唐太宗用李大亮而得鼾卧，收一时之舆论，谋政教之安行，断非用人不可。今以二万万方里、四百兆人民之大国，而割地赔款、召瓜分豆剖之祸，岂果人才乏绝乎？亦用人未得其道耳。治一国然，治一省亦然。拟请破格延揽人才，大者为栋梁，小者为榱桷。或行不次之赏，或施不测之诛，未有贤才不乐效用、不尽罗致者。而小人必奉令维谨，引避不遑。则事无不举矣。

实行课吏

一、宜实行课吏也。我国人民无普通知识。欲开民智，宜先开官智。今以旧习惯之官吏，强其执行新政，非阻碍即敷衍。即有欲竭力办事者，亦苦无正当办法。故新政虽颁，上行而下不能效。今宜考试文理通顺、具有血性之员，入课吏馆肄习，不求陈义太高，但择浅显切实、可以实行之事，令有学者为之讲演，如提学使在日本文部省听讲然。凡内政外交国势民情，以及学务路矿实业种树开井戒烟天足诸事，权利所关，外人对我如何，我对外人如何，政教所关，上对朝廷如何，下对人民如何，务为诚恳痛切，以激发其固有之天良。一年卒业，委以差缺出省。其实心办事，虽难尽冀，然必较有希望矣。

地方官宜久于其任

一、地方官宜久于其任也。亲民之官，如厅州县等，向来习惯，无数年不更调者，且有一年中更调数次者。晋省南北相隔，自悬牌以至到任，道远者已将数月。而旧任因事将交卸，诸事束阁以待。新任则情形茫然，必视事数月始有把握。然不久而撤省之期又届矣。似此更易频繁，官如传舍。贤者既不能尽其所长，不肖者遂益以善藏其拙。而因转徙无定、优劣显分，属员遂争以揣摩意旨为事。偶有不谋之合，遂致群起浮言，否则即生怨望，几不复知奉檄莅官，所为何事，日惟以优差美缺，为官场研究之资，而转置政教风化于度外。此皆地方官不令久任有以导之也。是宜于未任以前，为地择人，不宜于既任以后，为人择地。

亟加整顿警察

一、警察宜亟加整顿也。以日本文化进步之速、警察素负盛名，而盗贼尚未能绝迹。今中国内地匪乱时起，虽由于实业不兴、穷而出此，然亦因警察办理不善、不脱从前保甲窠臼之所致。本省商团，至今未能实行。近有距省不远之地，行客猝遇四马贼强劫，道旁百馀人木立瞠视，不敢一为援助。尚武精神之缺乏，一至于此。警察似急宜整顿。是宜与日本教员相商，嘱其率同学生实地研习，一切仿照日本办法，不务形式，但求精神，自能有效。近闻警察学堂日本教员，有因年满辞之归国者。现正讲求进步之际，岂可即谓所学已成？况学生等不能致力，课程缺失不少，倘即以为教员，贻误不浅。

通饬地方官用白话告示

一、宜通饬地方官用白话告示也。晋省人民识字者少，而地方官所有告示，犹沿成例，概用文语，且极冗长。进樵夫而语道，其绝尤感触固宜。故每见外州县城市村镇，凡关于兴学诘奸各要政，虽示谕通衢，而识字者因冗长不愿卒读，不识字者更不知于意云何。望望以去。当此百废振兴之际，乃上下隔阂，困于言诠，大于政教有妨，非可但循故例。且京津一带，告示体裁，业已改用白话。晋省闭塞较甚，更宜仿办。

强迫阅报演说

一、宜强迫阅报稽查演说也。日本维新之初，励行学堂、报章、演说三事，而报章、演说，功效尤大且速。盖于新旧政学扞格不通者，则以报章之言论交通之；老幼妇孺贩夫不识字者，则以演说强聒之；于政教风俗、救正辟邪、预防仇教革命等事，关系尤大。昔法败于德，国债浩繁，全仗报章及演说鼓吹，妇孺争出藏金，以纾国难。中国遇筹捐，则戕官罢市之事时有所闻。虽地方官办理不善，然亦人民无爱国心之故。晋省凡百新政待举，人心漠然不动，尤非阅报演说，不能启发新机。是宜强迫密查是否实行，庶臻妥善。

一、宜改良戏剧也。尝调查本省每一州县中，演剧之费，多至十馀万，少亦数千。每年全省所耗，不下二百万。演剧一台，剧资至少者不过数十千。而附近人家，所耗请客车马酒食各费，实数倍之。太谷一县，最为富饶。曾在彼小住，七日中有五日演剧。商民不务正业，惟以看戏为务。因而赌博斗殴、妇女诲淫之事甚多。查各国演剧最盛，类皆绩学文人，就政教各端，隐寓劝惩。不若中国所演各剧，毫无关系，且多淫亵也。晋省既须藉戏捐办事，不能禁止，则不如挑选聪慧戏角，至上海传习改良之新剧，至晋唱演，藉以为风化之助。一转移间，化窳为良，而于政令所不能及者，且隐收其效，获益实非浅鲜。

改良戏剧

一、强迫教育宜先及官场子弟也。学部近拟划分学区，实行强迫教育。然时机未至。教员既乏，经费又绌，断非朝夕可期。官为民表，今拟从官场子弟入手。将省城各省会馆，改为各省学堂。无会馆省分子弟，归并入学。将会馆团拜、演剧、宴会各费，一律革除，经费即由实缺候补人员量力摊派，不准短少分文。子弟有及学龄不入学者，必予严惩，以为董戒。且事简而易行，强迫亦应有之义。惟宜妥定章程教法，寄宿舍管理尤须十分完善。俾差缺出省之子弟，留校可以安心，务得实益。官场子弟，往往未及成童，已为捐纳官职。去年停捐之际，有其人并无子嗣、已报捐直隶州知县者。独于教育一端，绝不留意。他日出身临民，流毒地方，可胜言哉。

先对官场子弟实施强迫教育

一、学堂用人宜破除省界也。世界文明日进，战争攘夺之事，必有绝迹之一日。凡为人类，胥泯猜嫌。地不分欧美亚非，种不分黄棕黑白。此虽理想之论，然势有必至也。今中国当危急存亡之际，全国并力一心，尚恐不及，安有强分省界、授人以有隙可乘之理？譬之火将及屋，鼷鼠尚哄争于梁，设计之左，何以异是？晋省商学界界限綦严，视外省人如外国人，甚且同省之中，省南与省北有界，府县与府县有界，个人与个人有界，投函报馆互相攻讦之事甚多。程度如此，几于无可理喻。近来大学堂，竟以土客之见，轻易开除将毕业之客籍学生。以自称学界之解人，尚且如此，他何待言。是宜嗣后学堂用人，不论官绅土客，但能整理有方，以求实效，否则愚暗无知者，益以鼓其气焰，务为排挤，不问理由，于政令所施，渐将恣为抗玩矣。

学堂用人破除省界

一、师范教育宜注重教神也。晋省程度，较南省相去甚远。派出学生，不知语言文字，听讲时扞格既多，且以一年或六月之速成师范，归而即为教员，贻误匪浅。又我国有我国之精神教育，以外人而教授我国学生，不能责以备具我国之精神。然师范学堂，断不能不急急注意于此。又近有卒业生任外州县教员而学生不承认者。又有无行之徒、遇事侵权、冒收捐款者。以此而言教育，非徒无益，而又害之。日本维新之初，吉田松阴辈，讲学于里门，教授生徒，恒以活学为主。每论及楠菅忠勇、临危致命事，生徒有痛哭流涕者。然近人嘉纳治五郎，犹谓当时教育欲左忽右、欲右忽左、虚耗日力财力者八九年，引以劝我中国，勿蹈覆辙。以今观之，即此犹不可得耳。是宜慎选教

师范教育注重教神

员，务求实益，一切规制，须与日本教员参互商订尽力改良，然后以卒业生徒，派赴省外，分掌师范教育之事，方有进步。

提倡女子职业教育

一、提倡女学宜注重职业也。中国女子，既未受正当之教育，家庭之间，妇姑勃溪，妯娌唇舌，类所不免。劣等生之不受教育，亦家庭教育缺乏之故。而尤关重要者，则女子无恒业也。一家之中，女子皆仰食于男子。男子负荷之重，有竭毕生之力，而犹不能为赡足计者。室人交谪，气短心灰，致不能为远大事业。故教育必须普及女子。而女子教育，尤必注重职业，则学成可分任男子之劳。否则所谓内助，不过能操井臼而已，何足救贫。故今日欲提倡女学，尤不可不注重女子职业。各国小学，无论男女，皆有手工一科，以便出而营业。是宜择适当女红，为其自营职业之预备，重定奖励章程，与教育并行不悖，收效最为远大。

农林学堂讲求畜牧

一、农林学堂宜讲求畜牧也。晋省农林学堂，自开办以来，耗款十馀万金，无成效之可言。于畜牧一项，尤为缺乏。查日本丝茶畜牧皆属农业。晋省畜产，向称繁殖。日俄战役时所用牛马驴骡，皆在晋省购买，由归化、包头经直隶、张家口运往，牲价因以骤涨。近战事虽平，而京津西人食料及华人驾车等所用，皆取自晋事。本省又不善孳畜，以致牲价较前涨至数倍。据业此者言，十年以后，牲价较今犹不止加倍也。农林学堂，虽延有日本畜牧教员，然所谓畜牧者，并未办理。坐弃大利，甚为可惜。是宜切实讲求，庶免供不应求之虑。

创办猎业公司

一、宜创办猎业公司也。“春搜夏苗，秋狝冬狩”，本寓整军经武之意。中国于此事久不重视，遂至山深林密之地，狼豹伤人，重为民患。而晋省患此尤甚。常闻外州县有狼至衙署衔人以去者。村中人少之处，日行必结队，夜卧必警枕。不谓沐浴王化之地，竟有率兽食人之事。是不知经武之所致也。每见西人游猎所得各种动物，或供博物馆之陈列，或剥取皮毛以备自用。武健之风，性习相染，是在上焉者之奖励耳。曾闻某县令言，县境素多狼患，因悬赏猎狼一头者，给钱四千。于是猎者麇至。后因得狼太多，减至三千、二千。然来者仍络绎不绝。地方官苟欲兴利除害，为之易易耳。且渔猎皆系实业。如南省已办之渔业公司，成效卓著。晋省具此天产，乃不能因而致利，且听之伤人，岂非憾事。是宜令全省军人于无事时出队共猎，以猎得之兽，兴一公司，取皮运售出省。既可养军人冒险之心，而实业亦因之兴举，两善备焉。

扩充机器局

一、机器局宜扩充办理也。德国克虏伯炮厂初办时，不过三间茅屋，今则各国皆有代表之处。全球制造枪炮，推该厂为巨擘。可见事在人为耳。以中国之大、矿产之富，至一铁钉之微，尚须购自外国，其他可知。西人恒以是为笑谑，非徒可耻，且处此时代，何以图存！今晋省已有机器局之基础，不难从事扩充。是宜选派勤实耐劳者，调查情形，应如何扩充办理，优以薪水、责其成功，否则惟彼是问。厂中办事，以无差缺之佐贰人员，改为司事名目。扫除官场积习，实力整顿。且查正太路工机器厂中，物多价廉，学徒造就可用者甚多。今路工渐次告成，即可选招入厂，督令仿造各种小件应用之机器。造成取价务廉，以求推广。

官场集股兴办实业

一、宜由官场集股兴办实业也。近年各省兴办之事甚多，报纸屡见登载。晋省则尚无可见。是皆由库款空虚、无从提倡，而绅商又无团体、不能自谋。是宜先由官场集款仿公司办法，举办各种实业，以为观感。查官场每有以宦囊开当铺、钱铺及各种铺户者，宦游之地往往即以为家。况公司之设，无间远近，时势所趋，实业最重。今或由宪台出资数千以为倡率，然后三司四道九府十直隶州九十一州县十一厅，各量缺量力，多者数千，少亦百金，给执股票。又省城自道府以下，曾得差缺者，皆可谕令入股。约略统计，二十馀万金立时可集。用以办各种实业之工场，不外改良土货、仿造洋货二种。将见百废俱兴，事无不举。不特供本省之需用，且可运销邻近各省。但使经理得人，利益将不可胜计。

一、宜先兴日用必需之工艺也。资本不在众多，建厂可不求形式，但就数城楼及城中鼓楼空置之隙地，计每处少可容三四百人，以至五六百人。凡织布、造纸、制毯及各种热销货物，皆可招集十四五岁之子弟，入内传习，三四月皆可毕业。每见日本沿海各港湾，凡工厂众多之处，盗贼绝无；无工厂处，即有盗贼。盖工厂既多，需人亦多。既无失业之处，亦何乐而必为盗贼？“仓廪实而知礼节，衣食足而知荣辱”，洵非虚语。是宜就省城东西南北中五处城楼，即行开办。每日按时鸣钟击鼓，上课下课，但须一年，成效无不大见。然后推行各府直隶州，复推行厅州县。即以学成生徒作为技师，工艺自能兴盛。曾闻西人之游历晋省者云：“道旁闲立之人，较他省尤多。”是皆人无恒业所致。故本省工艺，最为要图。

一、宜采伐森林收现成巨利也。查离省三四百里之岚州山中，数百年之森林，取之无尽。但须筹二三万金资本，创立事业，每年于秋冬采伐，春汛水发，由黄河顺流而下，由铁路转运出省，可供各省兴办铁路枕木之需。至由产林之山、直接黄河，中尚有旱路数十里。如用骡驼，费多无效。是非用轻便铁道不可。当视集款之多寡，斟酌办理。至轻便铁道，南省及各国工厂，随处皆有，仅用以装载本厂物品，非搭客装货之汽车可比，故断无归铁道统属之理。晋人往往视为支路，谬孰甚焉。至各省枕木，向皆购自日本。如能由铁道运出，其利必巨。

采伐森林以收巨利

一、宜大举开矿以救全国之贫也。中国财政困难，年须付赔款二千馀万。公债二千馀万，而国用不敷尚三千馀万，则断非广开各种矿产不能救全国之贫。晋省矿产，甲于全球。本省商民，但知保守，不知开采。且一国之宝藏，非晋人所可独私。农工商部，又并无禁止他省人在晋开矿之定章。倘仍任晋人顽蔽锢守，大于国脉有妨。是宜大开门户，公之全国。奏请特简刚正强毅之大员，选举各省极有名誉之绅商，号召资本，并发各省库帑，妥定章

开矿以救全国之贫

程，奏明核办，则策之上者。不则强迫殷实绅商，不分省界，各出巨资，择最佳数处矿产，官督开采，则策之次者。不然则听其悠忽，以本省一二人之私见，既不能招集股本，从速兴工，又绝无结实办事人才可观成效。天府之地，任玩弄于群愔无知之手，则策之下者。

以上均就管见所及，择晋省最有关系、最宜速办之事，不辞冗琐，缕屑直陈。盖今日为各国工商剧斗之世，咸注目致力于中国，脂竭膏枯，甚于杀夺。晋省天产地利，国富所关，急起直追，不可以已。惟库储竭蹶，全省风气不开，宜由官场集股试为提倡。一面以政教二者开通士民之知识，端其趣向，牖以新明。而尤要者，则造就人才破格录用也，为各省之钦式，谋全晋之治安，诚不可失之时机。职道蒙宪台专派赴东，调查归国，冀有所改革。付托之重，逾于寻常。以是凡有所知，言无不尽。盖窃取勿欺而犯之义。幸冀宪台之有所采择焉。

拟派人赴日学实业

抑更有请者。职道创办之晋明小学校，开办已越三年，縻款五千馀金，皆由晋报经费撙节办理。间有不敷，由职道一人担任。近拟挑取程度较高、日文语通晓者四五人，赴日本学习实业，即寄居日人家中，请其代为监督。所有经费，由各学生自备若干，由报馆年给六百金，尚有不敷之数。拟恳宪台玉成是举，年助五百金，以资造就。前蒙面谕，当与藩司核商。现虽库储短绌，而此数尚微。倘蒙准行，以后逐年按数支给。如有不敷，由职道一人筹措，断不再恳加增。职道因仰体宪台兴学育才、奖励实业起见，所求者仅此。想可即蒙允准，临禀屏营，无任瞻企。

专肃　敬请钧安　伏乞垂鉴

上恩中丞拟设曲西运煤公司禀

敬禀者：窃维晋省为煤铁繁殖之区，向用土法开采，出品煤斤，未尝不多，终因转运艰难，驼价既昂，而销路亦因之不广。现虽有正太铁路，便利交通，然窑地与车站隔离，运载仍多阻滞。阳曲西山一带，为煤、铁、石灰、石料荟萃之地。每逢冬令，需煤最多之时，运煤入省者每日须五六百驼，居民尚多缺乏之憾。此非矿产不旺，实因脚价浩繁，售煤者苦无多利，顾而之他。采煤者亦因销路不多，时有作辍，蓄藏不发，此实为一大原因。不日正太路成，省城系车站肇端，需煤益广。倘不设法疏通运道，将来煤价日昂，病民尤甚。职道等再四熟筹，拟招集股本银五万两，创设轻便铁路，由省城西门起，直通西山，计程三十馀里。仿照各国轻便铁路办法，就平地设轨，建筑小铁路一条，并购置运车六十辆。工程极易，资本无多。集事竣工，数月已足。造成后即由西山陆续装运至省，每日往复两次，用人力推挽运车，循轨以行。空车回复时，即用装各处烬馀之煤渣，以填山缺。矿产得运输之便，价值必廉。土人因销路之宽，开采必盛。而直接汽车，于运煤出省之途，亦无阻滞。便民兴利，一举而数善备焉。徐俟资本稍充，添购车头，再求迅速。办有成效，即凡矿窑

上禀拟设运煤公司

离隔窎远之处亦可仿照办理。业与本省商人，妥为筹画，均乐赞成。是否有当，仰乞批准立案，即示施行。理合备由肃禀及将拟定章程并呈钧览。

专肃 敬请崇安 伏乞垂鉴

曲西运煤公司章程

曲西运煤公司章程

一、山西路矿，数年来有议论而无成功，皆因集款巨而工程大，疑惧观望，阻力横生。兼之任事者少，事难兴举。今拟自极小而有功效者着手，筹款不多，规模务从简捷为主。

二、本公司仿各国运货小铁道办法，于省城西门外造轻便铁道一条，计长三十里，直达西山产煤处，装运煤斤到省，平价出售，名曰“曲西运煤公司”。

三、本公司拟集股红封平银五万两，分为五百股。每股一百两，长年八厘计息。

四、本公司拟先召本省人入股，不足股额，再招外省人入股。非中国人概不得与股。如有暗中顶冒，查出股款充公。

五、拟举本省、外省董事三四人，每年二月结帐付息，议应兴应革事。满二十股之股东均得到公司会议。

六、入股后，仍可随时拔取股本。第一年按月八厘计息，第二年二倍付息，第三年三倍付息，第四年四倍付息。此后拔股除八厘息外，馀利亦按股照摊。

七、逐年盈馀，酌提公积外，馀按十四成摊派，以八成派给各股东作为红利，二成为岁修杂费，二成为各执事花红，二成为总理及各董事酬劳。

八、本公司于省城西门外设屯煤厂，西山设收煤厂，制车六十辆，用人力推挽，循轨以行。俟公司办有起色，再添购车头车辆，以求速运多运。

九、西山矿产甚多。除煤炭外，尚有铁石、石灰、石子、硫矿等。本公司更可于运煤之外，兼运各种矿产。

十、本省用车驼运煤，工拙价昂。冬间煤不敷用，夏秋价必腾涨。不日正太路成，用煤益广，价昂更甚。本公司为筹出路以平煤价计，兼使贫民之无恒业者，可取煤为生。

十一、本公司所运之煤，屯集既多，除应省城购用外，馀可直接正太铁路运销出省，以收外利。是亦兴矿务之一道。

十二、省城煤渣，随处倾倒。既妨道路，且碍卫生。虽警局禁令，凡煤车出城，必须装运，然皆虚应故事。今本公司于空车回山时，不论多少，必令运载向空旷处填弃。惟须有人聚渣于一处，然后搬运。

十三、本公司俟办成有效后，即禀请农工商部立案，以维久大。

十四、本公司账目务求清晰，权限务求分明。一切办法，悉采商部奏定公司规制。

十五、章程如有未尽处，随时增益改良。

山西劝工陈列所改良章程

劝工陈列所改良章程

（一）调查

一、调查海关进口洋货、出口土货之大宗及其价值，报告存所。

二、调查本省进口洋货出口土货之大宗及其价值，报告存所。

三、调查本省自用不出口之各种大宗物品及制造所，报告存所。

四、调查繁盛市场及出产原料最多之处，报告存所。

五、调查各工商有特别精良之制品，带省报告。

（二）扩充

一、省城速开工艺局厂，专制造出口大宗货物，加意改良。又仿造本省日用必需之洋货，廉价由劝工所陈列出售，并标明制者姓氏。

二、省外择繁盛之市会通道及原料最多之地，设立劝工陈列分所三四处。不事表饰，但讲内容。

三、省外宜各就土宜，设立各货专造工场，力图改良。改良后之制品，致送总所及各分所陈列。

（三）奖赏

一、本省富豪，能集巨资兴办有益工艺者，由大宪酌给头二三等奖牌，以示优异。

二、由大宪特制金银铜三等赏牌，存所悬赏，以待给领。凡得赏牌者，准其自行标明，以广招徕。

三、各工商界能独出心裁、创造新奇货品、能得外洋之优视，及能仿造新奇洋货者，给以头等金牌，许其专利。

四、各工商界能改良土货、制作精美、可得外人之赏鉴者，给以二等银牌，许专利若干年。

五、各工商界能仿造普通洋货、俾本省人民咸乐购用、无藉外求者，给以三等铜牌，许专利若干年。

六、自四等以下，更制九等铜牌，以为制造各小品货物之策励。

（四）陈列

一、分别各种制造品，为外洋制品类及本国制品类。外洋制品，又分标某国、产地、价值及工场名号。本国制品，亦分标某省、产地、价值及工厂名号。又须分贵重品及普通品，各室陈列，不相混同。

二、择外洋紧要需用之大宗中国物品及某国陵驾中国之物品，如磁器、漆器、铜器、雕刻器、绣物、织物，以及制丝、制茶、制棉各成品，内分三级，第一级外国制造品，第二级某国夺利品，第三级中国原产品，参伍参列，以资观感。

三、择外洋紧要输入内地之大宗制品，亦分数等，一最优品，二次优品，三本国自制品，参伍参列，以显优劣，以促改良。

（五）人员

一、所中总理一员，酌支薪水。惟须月有献替，年终责成其进步，否则另易。

二、所中文案一人，专掌笔墨；司账一人，专掌会计；司阍一人，专司出入；司室一人，专司看守。司阍司室者，均用商伙，不用仆人。

三、名誉评议各员，不定员数，不支薪水，惟有提倡评议所事之责。

四、调查员，由本所派出各要地调查，限一二员，逐处旅行查报。川资俭给，薪水酌给。俟有成绩，特别奖赏。

（六）会期

一、每年开大会一次或二次，请各大宪驾临，并招延各工商界资本家及制作者到会。不捐分文，不事形式。但设茶点会议。演说散会时，侑以歌乐，以联上下欢情，以鼓共同兴趣。

二、每季定以时日，招集各工商资本家制作者，到所会议数次，告其优劣之点，以图改良进步之实效。

三、每月由本所总理，会集评议员及所员等聚谈一次，商榷品物优劣情形，并讨论本所之办法，以图扩充。

四、每星期晚，用各种实业工艺之幻灯影片，演放幻灯一次。工商学界以及寻常士女，均可到所观览。本所各绅董人员，亦须到会。演放时并可由会员指示说明。

（七）检验

此条俟工艺已有成绩，然后拟定增入。

拟办山西商团进步会章程

一、宗旨。本会以联合商界团体及力求进步为宗旨，故名“商团进步会”。 办商团进步会章程

二、会期。每会期皆按星期日午前八时到会，午后四时散会。在会午餐，各纳饭资百文，不敷由会中贴补。

三、会员。入会者皆名会员，袖有铜章，无年齿之分，无贫富之分，庶可消融尔汝。惟须郑重其事，各存礼制。如有不洽众情者，屏出会外。

四、经费。集款若干，长年生息，以供会中茶水及其他各费。

五、演讲。演说切于现今世界商业竞争优劣之点，及商德商才，以至中国商业失败之原因、结果，各就所见，登台演说。演毕复择各国商业历史及关于商业切要之书，分别讲解。

六、体操。内地商人，亦间有能耐劳苦务节俭者。然无勇往之精神，且多沉溺于嗜好。体操既可团结心意，整齐躯干，而尤能养成其果敢奋迅之气、旅行进取之风，裨益实多。

七、音乐。无公德、无商德，惟知瘠人肥己者，此内地商人之通病也。则音乐以融和之化导之，久而浸浃，自不可不视为重要部分。

八、谈论。或关于商情之研究，或关于货价之品评，

或各抒其意见，或规正其行为。凡在会者，各须消除私见，尽力直言，以通隔阂，以收公益。如有因此睚眦者，屏出会外。

九、阅报。会中多购报章，务皆有关于商务者，分类胪列，任便观览。惟不得怀挟损裂。如意存不顾公益者，查出议罚。

十、传习。俟经费扩充后，延聘东文教习教授学徒，年龄均限二十岁以内，学费略缴若干，或免缴，须视经费之馀裕。学成后斟酌派赴日本，考察商业。

程湇丙午日本游记

人名索引

五画

六画

七画

十一画

十二画

十三画

十四画

十五画

程淯丙午日本游记

译名简释

二画

丁抹

丹麦

五画

白耳义

比利时

六画

曳纲

拖曳渔具的绳索。引申指拔河赛

九画

独　独逸志

德意志

十画

浦盐斯德

海参崴

十六画

辨当

便当

走向世界丛书一百种

初编三十五种以＊标出

谢清高 海录

＊ 容　闳 西学东渐记

＊ 林　鍼 西海纪游草

＊ 罗　森 日本日记

＊ 斌　椿 乘槎笔记

＊ 张德彝 航海述奇

＊ 王　韬 漫游随录

＊ 志　刚 初使泰西记

＊ 张德彝 再述奇（欧美环游记）

＊ 张德彝 三述奇（随使法国记）

王　芝 海客日谈

＊ 祁兆熙 游美洲日记

＊ 李　圭 环游地球新录

＊ 郭嵩焘 伦敦与巴黎日记

＊ 张德彝 四述奇（随使英俄记）

＊ 黎庶昌 西洋杂志

＊ 刘锡鸿 英轺私记

李凤苞 使德日记

钱德培 欧游随笔

＊ 何如璋 使东述略及杂咏

＊ 张斯桂 使东诗录

黄遵宪 日本国志

＊ 黄遵宪 日本杂事诗〔广注〕

陈兰彬 使美纪略

＊ 曾纪泽 出使英法俄国日记

＊ 王　韬 扶桑游记

＊ 徐建寅 欧游杂录

谭乾初 古巴杂记

王之春 谈瀛录

＊ 李筱圃 日本纪游

池仲佑 西行日记

蔡　钧 出洋琐记

袁祖志 瀛海采问纪实

张祖翼 伦敦竹枝词

王以宣 法京纪事诗

潘飞声 西海纪行卷

潘飞声 柏林竹枝词

潘飞声 天外归槎录

张荫桓 三洲日记

邹代钧 西征纪程

王咏霓 道西斋日记

张元济 环游谈荟

余思诒 楼船日记

缪祐孙 俄游汇编

张德彝 五述奇

＊ 傅云龙 游历日本图经馀记

傅云龙 游历美加等国图经馀记

洪　勋 游历闻见录

崔国因 出使美日秘国日记

＊ 薛福成 出使英法义比四国日记

＊ 薛福成 出使日记续刻

陈道华 日京竹枝词

严　修 **东游日记**
姚鹏图 **扶桑百八吟**
风　凌 **游馀仅志**
* 黄庆澄 **东游日记**
吴宗濂 **随轺笔记**
宋育仁 **泰西各国采风记**
王之春 **使俄草**
伍廷芳 **美国视察记**
* 蔡尔康等 **李鸿章历聘欧美记**
张德彝 **六述奇**
刘学询 **考察商务日记**
黄　璟 **考察农务日记**
罗振玉 **扶桑两月记**
罗振玉 **扶桑再游记**
丁鸿臣 **东瀛阅操日记**
沈翊清 **东游日记**
* 梁启超 **新大陆游记**
张德彝 **八述奇**
载　振 **英轺日记**
吴汝纶 **东游丛录**
双　寿 **东瀛小识**
缪荃孙 **日游汇编**
周学熙 **东游日记**
* 单士厘 **癸卯旅行记**
凌文渊 **籥盦东游日记**
张　謇 **癸卯东游日记**
蒋　煦 **西游日记**
王景禧 **日游笔记**
陈　琪 **环游日记**
* 康有为 **意大利游记**
康有为 **德意志等国游记**
康有为 **英国游记**
* 康有为 **法兰西游记**
韩国钧 **实业界之九十日**
李濬之 **东隅琐记**
盛宣怀 **愚斋东游日记**
* 戴鸿慈 **出使九国日记**
金　鼎 **随同考察政治笔记**
* 载　泽 **考察政治日记**
程　淯 **丙午日本游记**
康有为 **西班牙等国游记**
杨泰阶 **东游日记**
文　恺 **东游日记**
左湘钟 **东游日记**
吕珮芬 **东瀛参观学校记**
* 林汝耀 **苏格兰游学指南**
* 单士厘 **归潜记**
金绍城 **十八国游记**
附 艾儒略 **职方外纪**
附 南怀仁 **坤舆图说**
附 丁韪良 **西学考略**
附 艾约瑟 **西学启蒙**

图书在版编目(CIP)数据

丙午日本游记/程淯著．—长沙:岳麓书社,2016.8

(走向世界丛书/钟叔河主编)

ISBN 978-7-5538-0527-6

Ⅰ.①丙... Ⅱ.①程... Ⅲ.①社会调查—日本—现代

Ⅳ.①D731.369

中国版本图书馆 CIP 数据核字(2016)第 010857 号

BINGWU RIBEN YOUJI

丙午日本游记

作　　者:程　淯

校 点 者:张晶萍

责任编辑:杨云辉

责任校对:舒　舍

封面设计:吴颖辉　贺红梅

岳麓书社出版发行

地址:湖南省长沙市爱民路 47 号

直销电话:0731—88804152　88885616

邮编:410006

岳麓书社网址:www.yueluhistory.com

2016 年 8 月第 1 版第 1 次印刷

开本:890×1240　1/32

印张:8.875

字数:206 千字

印数:1—3 000

ISBN 978-7-5538-0527-6

定价:45.00 元

承印:长沙超峰印刷有限公司

如有印装质量问题,请与本社印务部联系

电话:0731—88884129